Bernadette Assumpta Kilmartin

Doentes não programados: A introdução de um formulário de marcação estruturado

Bernadette Assumpta Kilmartin

Doentes não programados: A introdução de um formulário de marcação estruturado

ScienciaScripts

Imprint

Cover image: www.ingimage.com

This book is a translation from the original published under ISBN 978-3-659-84674-8.

Publisher:
Sciencia Scripts
is a trademark of
Dodo Books Indian Ocean Ltd. and OmniScriptum S.R.L publishing group

120 High Road, East Finchley, London, N2 9ED, United Kingdom
Str. Armeneasca 28/1, office 1, Chisinau MD-2012, Republic of Moldova, Europe
Printed at: see last page
ISBN: 978-620-8-21520-0

ÍNDICE DE CONTEÚDOS

Resumo

Antecedentes:

A gestão de doentes não programados que se apresentam num bloco operatório constitui um grande obstáculo ao planeamento e à prestação de serviços. A capacidade de programar estes casos durante as horas de trabalho, sempre que possível, é mais segura para o doente[1] e uma utilização mais eficiente do bloco operatório, do pessoal e dos recursos hospitalares .[2]

Objetivo:

O objetivo deste projeto era introduzir um formulário de marcação estruturado para melhorar os padrões de fluxo de trabalho desde o ponto de marcação até à transição para o bloco operatório de doentes não programados.

Métodos:

O projeto foi realizado entre o pessoal de teatro e as partes interessadas de um hospital de nível três no oeste da Irlanda durante dois meses, entre janeiro e fevereiro de 2014. Foram utilizados grupos de discussão para identificar os obstáculos à mudança. O autor utilizou a análise SWOT e o campo de forças para determinar uma estratégia de mudança. Foi concebido um formulário de reserva estruturado para teatro e endoscopia. O processo de mudança foi realizado utilizando o modelo de mudança de Kotters, facilitado por conjuntos de aprendizagem de ação. Foi concedida aprovação ética para a realização deste estudo.

Resultados:

Durante o período de dois meses em que o estudo foi realizado, registou-se uma redução de 52% nos procedimentos realizados fora de horas em janeiro, em comparação com o mesmo período do ano anterior. Do mesmo modo, registou-se uma redução de 17% no mês de fevereiro, em comparação com o mesmo mês do ano anterior. Após a introdução do formulário de marcação, o tempo mínimo necessário para marcar um doente não programado foi de 5 minutos e o tempo máximo despendido foi de 7 minutos (uma redução líquida que varia entre 74% e 82,5% do tempo despendido antes da introdução do formulário de marcação. Se o tempo poupado durante o processo de marcação fosse transferido para uma maior utilização da sala de operações, tal traduzir-se-ia numa potencial poupança de custos entre 124 050 e 240 900 euros, partindo do princípio de que cada hora de sala de operações improdutiva custa 1500 euros no modelo de sala de operações produtiva.

Conclusões:

Este estudo demonstrou que os doentes que se apresentam na sala de operações sem marcação prévia podem ser marcados de uma forma eficiente e eficaz. Um processo de marcação estruturado pode traduzir-se em poupanças de custos consideráveis, quando resulta numa maior utilização dos recursos.

Agradecimentos

Obrigado ao pessoal do bloco operatório, especialmente aos que participaram nos grupos de discussão.

Agradecemos aos médicos e consultores do hospital pelo seu apoio colegial.

Para a minha sobrinha Katie, obrigado pelo teu domínio da estatística e dos conhecimentos de informática.

Os meus sinceros agradecimentos aos bibliotecários do hospital que ajudaram a encontrar artigos para a revisão da literatura e à minha supervisora Margaret Boland (RCSI).

Um agradecimento especial a todos os doentes que tornaram este projeto possível.

Por último, o Vincent pela sua interminável paciência.

Capítulo 1

Introdução à dissertação

1.1 Visão geral

Os gestores de cuidados de saúde enfrentam desafios extremos face à mudança e à adoção de novos conceitos e tecnologias nas organizações de cuidados de saúde (Glacken et al. (2004) Magee et al. (2003) Nembhart et al. (2006)). Os gestores têm de ser dinâmicos na implementação de iniciativas de melhoria da qualidade que sejam inovadoras, centradas no doente e neutras em termos de custos, uma vez que o nosso serviço de saúde tenta dar resposta a uma procura crescente associada a orçamentos reduzidos. Nós, enquanto gestores de cuidados de saúde, temos o dever de garantir que, dentro dos recursos disponíveis, prestamos os melhores cuidados possíveis aos nossos doentes. Temos de estar empenhados numa prestação de serviços eficaz, mas igualmente responsáveis pela sua concretização dentro do orçamento anual acordado.

Este capítulo começa por delinear a natureza da proposta de mudança na organização do autor. Segue-se uma discussão sobre o âmbito do projeto proposto, os critérios de inclusão e exclusão e o clima cultural e económico em que a mudança se enquadra. O objetivo e os objectivos do processo de mudança são discutidos e orientados pelos princípios SMART. Finalmente, o autor fornece ao leitor um mapa de mudança para o processo de mudança proposto.

O termo "autor" será utilizado em toda a dissertação para designar a pessoa que redigiu esta tese.

1.2 Natureza da mudança

A iniciativa de mudança centrou-se na introdução de um formulário de marcação estruturado para melhorar os padrões de fluxo de trabalho desde o ponto de marcação até à transição para o bloco operatório. O autor efectuou uma revisão da literatura sobre os dados actuais relativos à marcação de consultas no bloco operatório, especificamente no que se refere aos doentes não marcados. O Teatro Operatório Produtivo (TPOT) actuou como uma estrutura para conceber e desenvolver a ideia de mudança. As metas e os objectivos do projeto de mudança foram delineados e submetidos a uma análise SMART para determinar a viabilidade, tendo em conta o calendário.

O trabalho centrou-se inicialmente na identificação dos obstáculos ao agendamento de doentes não selecionados e não programados que se apresentam no bloco operatório. Foram realizados grupos de discussão com as partes interessadas do bloco operatório, que identificaram problemas de agendamento e atrasos na transição dos doentes da enfermaria para o bloco operatório. O autor propôs um formulário de marcação sistemático como solução para os obstáculos identificados. O modelo de mudança de Kotters (1996) foi adotado para enquadrar a introdução do formulário de marcação estruturado. O autor modificou o modelo de Kotters (Figura 1.1) para incorporar um método de avaliação formativa da forma como o processo de mudança estava a progredir em cada etapa. Isto permitiu o aperfeiçoamento contínuo do processo de mudança.
Foi concebido um formulário de reserva de teste (Anexo 1) e testado durante um período de dois meses, em novembro e dezembro de 2013. Foi criado um comité diretor para supervisionar e avaliar a aceitabilidade e a aplicação do formulário, tendo sido desenvolvidas e avaliadas outras iterações do formulário de marcação.

Uma vez que o formulário era satisfatório para todas as partes interessadas, foi solicitada a ética para a realização do estudo, tendo sido concedida a aprovação dos presidentes

(Anexo 2). O estudo foi realizado durante os meses de janeiro e fevereiro de 2014. O documento passou por várias iterações (a versão atual 1.7 está incluída no Anexo 3) e, posteriormente, tornou-se um documento controlado. Todas as partes interessadas receberam formação sobre o funcionamento do processo de reserva através do formulário. O modelo de avaliação de Kirkpatrick (Kirkpatrick 1959) foi utilizado para avaliar o alinhamento do processo, do resultado e do impacto (organização de retorno) de cada objetivo do processo de mudança.

Todo o trabalho realizado neste projeto foi conduzido pelo autor com o contributo das principais partes interessadas envolvidas no funcionamento do teatro e com a autorização da direção do hospital. As pessoas que deram contribuições específicas são reconhecidas quando apropriado.

1.3 Âmbito do projeto

1.3.1 Critérios de inclusão

O projeto envolveu todas as apresentações não selecionadas e não programadas no bloco operatório, que inclui a sala de endoscopia. O estudo abrangeu os meses de janeiro e fevereiro de 2014, numa base de vinte e quatro horas, sete dias por semana.

1.3.2 Critérios de exclusão

Todas as doentes obstétricas que se apresentam no bloco operatório foram excluídas para efeitos deste estudo, uma vez que a sua apresentação é normalmente feita numa base de emergência, o que exige um acesso imediato ao bloco operatório a partir das enfermarias.

1.4 Justificação para a realização do projeto

O autor trabalha atualmente como diretor de sala de operações num hospital universitário de nível três no oeste da Irlanda. A gestão de doentes não programados que se apresentam na sala de operações durante o horário normal de trabalho constitui um grande obstáculo ao planeamento e à prestação de serviços. A própria natureza de um caso não programado compromete a capacidade de planear a sua apresentação. No entanto, a capacidade de programar estes casos durante as horas de trabalho regulares constitui uma utilização mais eficiente dos recursos da sala de operações, do pessoal e do hospital.

A génese do formulário estruturado de marcação de consultas surgiu na sequência de um incidente crítico, em que um procedimento não programado foi acrescentado a uma lista de salas de operações de um centro de dia com excesso de reservas. Tratava-se de um caso supostamente "rápido" que envolvia sedação consciente transitória e um teste de diagnóstico de cinco minutos. O número de efectivos no local era mínimo e o estado do doente evoluiu de forma deletéria, exigindo uma cirurgia de emergência, uma transfusão de sangue maciça, recuperação nos cuidados intensivos e um membro do pessoal que recebeu um derrame ocular que exigiu o envolvimento da medicina do trabalho. A deterioração do doente foi agravada pela ausência de antecedentes médicos e pela má preparação da equipa cirúrgica, uma vez que o pessoal da reserva não foi informado das indicações do procedimento e do risco subsequente de deterioração clínica. Reflectindo sobre este facto, poderia ter-se tratado de uma possível fatalidade.

O autor, com a ajuda das partes interessadas do teatro, concebeu um formulário de reserva experimental. Este formulário constitui a base para este programa de mudança. O autor efectuou uma análise do campo de forças das barreiras e dos facilitadores de uma programação eficiente, face à adição de doentes não programados a uma lista de dias já em crescimento. Foram identificados vários factores modificáveis no período de transição entre a marcação do doente e a admissão na sala de operações. Um desses factores, identificado como adequado para um projeto de mudança, foi o próprio processo de marcação. A marcação de um doente não programado põe em marcha um processo de reorganização da lista de salas programadas. Consequentemente, foi decidido analisar também o fluxo de trabalho gerado quando um doente não programado se apresenta na sala de operações.

1.5 Contexto da mudança (Clima/Cultura)

Os cuidados de saúde na Irlanda são geridos e prestados através do Health Service Executive (HSE) a uma população de quatro milhões e meio de pessoas, com um orçamento aproximado de treze vírgula quatro mil milhões de euros (National Service Plan 2013). Tendo em conta que as pessoas vivem mais tempo e têm mais doenças crónicas (Health Status Report 2008), as suas necessidades de saúde irão exigir mais dos serviços que prestamos. Os planos de saúde expandiram-se no nosso hospital e, atualmente, fazemos parte de um grupo fiduciário, constituído por um grupo de sete hospitais compostos por um hospital modelo 1, um hospital modelo 2 e um hospital modelo 3, respetivamente.

Os dados demográficos do hospital do autor para 2014 incluíam: um orçamento de quarenta e quatro milhões de euros, seiscentos e quarenta e oito funcionários equivalentes a tempo inteiro, dos quais oitenta são médicos, duzentos e oitenta e três enfermeiros, cento e nove gestores e aproximadamente cento e oitenta e seis funcionários de apoio e administrativos. O hospital tem cento e noventa e quatro camas, além de doze camas de cinco dias, vinte e quatro camas de cuidados diários, das quais quatro são pediátricas, quatro de maternidade e dezasseis camas médico-cirúrgicas. A área populacional é predominantemente rural, com uma população de quarenta e duas mil pessoas. A área de influência do grupo hospitalar é de setecentos e cinquenta mil pessoas.

Através de iniciativas governamentais, como o programa de cuidados clínicos agudos, está a ser dada uma atenção crescente ao desenvolvimento de estratégias locais para promover a inovação e, ao mesmo tempo, prestar um serviço de qualidade aos doentes. A disponibilização de recursos de acordo com o rendimento dos doentes (o dinheiro segue o doente), o acordo e a consecução de objectivos para a cirurgia de ambulatório e a duração média de internamento (AvLOS) estão a tornar-se uma prática quotidiana. No entanto, uma vez que o hospital oferece uma cobertura de urgência de vinte e quatro horas, os casos não selecionados e não programados podem surgir a qualquer momento. Assim, a identificação de um método que possa melhorar a utilização dos recursos e do tempo de sala de operações, assegurando simultaneamente um serviço seguro e eficiente para o doente, é uma necessidade não satisfeita atualmente no hospital do autor.

1.6 Finalidade e objectivos

1.6.1 Objetivo

O objetivo deste projeto é:

No caso de doentes não programados que se apresentam no bloco operatório, introduzir um formulário de reserva estruturado para melhorar os padrões de fluxo de trabalho desde o ponto de reserva até à transição para o bloco operatório.

1.6.2 Objectivos

1. **Identificar** os obstáculos e os factores que permitem uma programação eficaz no bloco operatório no que diz respeito aos casos não programados.

2. Para **melhorar** o processamento do fluxo de trabalho no momento da marcação de um doente não programado
3. **Reduzir** o peso da administração para os enfermeiros de teatro durante uma marcação não programada para o teatro
4. **Impor** a apresentação de dados demográficos exactos e sólidos dos doentes no momento da reserva, a fim de minimizar o risco para os doentes nos pontos de transição dos cuidados.
5. **Melhorar** o percurso dos doentes na transição para o bloco operatório através de uma programação mais eficiente e de um acesso atempado ao bloco operatório
6. **Maximizar** a programação dentro do horário de trabalho e quantificar as potenciais poupanças
7. **Promover a** moral do pessoal através da redução do tempo gasto na duplicação de informações administrativas, permitindo que esse tempo seja utilizado para a prestação de cuidados aos doentes.

1.7 Diagrama do conceito de mudança

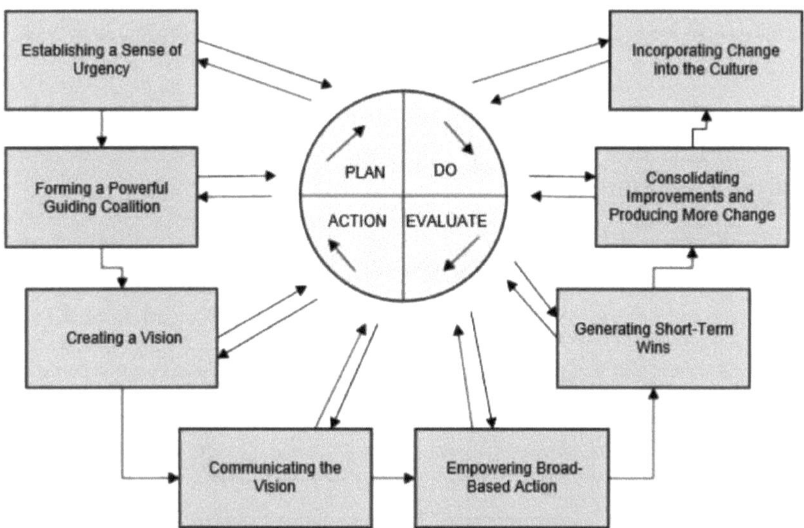

Figura 1.1 Estrada de mudança proposta para este projeto.

1.8 Conclusão

A liderança eficaz a todos os níveis é essencial para atingir os objectivos de uma organização e garantir cuidados de elevada qualidade, seguros e eficazes. É reconhecido na literatura que o desenvolvimento da liderança é uma atividade para toda a vida e deve ser introduzido cedo nas organizações e não confinado a níveis ou grupos específicos da força de trabalho (Baulcomb 2003, Joyce 2005 & Tomlinson 2012).

Por conseguinte, a questão que se coloca é a de saber como podemos transformar os intervenientes nos cuidados de saúde em indivíduos de elevado desempenho e dotá-los das ferramentas e competências necessárias para melhorar os serviços e obter resultados positivos para o futuro.

Capítulo 2

Revisão da literatura

2.1 Introdução

Shepherd (2009) observou que a gestão eficaz dos cuidados de enfermagem era fundamental para a redução do atraso dos procedimentos no bloco operatório. O atual impulso para a redução dos atrasos nos procedimentos é encorajado pela promoção de uma sala de operações produtiva. É importante referir que o tempo de procedimento é o tempo decorrido entre o momento em que o anestesista assume a responsabilidade pelo doente e a sua saída do bloco operatório. Este facto altera a atenção do observador para o percurso que o doente faz na sala de operações e não para o procedimento individual ou para o cirurgião envolvido. Isto permite que nos concentremos na qualidade do serviço, na análise do fluxo de trabalho a trezentos e sessenta graus e na gestão de recursos. Isto está em justaposição com o uso anterior do rendimento como uma única medida de produtividade, dando assim mais peso à quantidade em detrimento da qualidade, uma disparidade que foi identificada como uma causa raiz do fracasso dos cuidados no Relatório Midstaffordshire Trust (Relatório Francis 2013).

Os factores que afectam a transição de um doente da avaliação clínica para a sala de operações são multifacetados. Do ponto de vista do autor, esta revisão da literatura debruçar-se-á sobre os métodos de melhoria dos processos que podem aumentar a eficiência na sala de operações antes de um doente ser submetido a um procedimento. Os factores que estão fora do controlo da sala de operações e fora da sua área de trabalho não serão abordados nesta revisão. Dado que o TPOT foi introduzido pela primeira vez no Reino Unido em 2007, o autor optou por limitar a revisão da literatura primária aos artigos publicados nos últimos seis anos. Quaisquer trabalhos de investigação que possam ter sido referenciados na literatura identificada, que se enquadrem na estratégia de pesquisa mas que estejam fora dos limites temporais, também serão incluídos na revisão através de pesquisa manual.

2.1.1 Estratégia de pesquisa

Para esta revisão da literatura, foram pesquisadas as seguintes bases de dados: PubMed, CINAHL e Emerald. Foi utilizada a seguinte estratégia de pesquisa, conforme listada ou ligeiramente modificada consoante o motor de pesquisa (não foram utilizados títulos de assunto no ERIC ou no Emerald) theatre[All Fields] AND ("emergencies"[MeSH Terms] OR "emergencies"[All Fields] OR "emergency"[All Fields]) AND scheduling[All Fields]) OR scheduling[All Fields] AND theatre[All Fields] AND ("2009/03/22"[PDat] : "2014/03/20"[PDat]) AND English[lang]). Obtiveram-se assim vinte e oito resultados na PubMed, onze na CINAHL e noventa e cinco na Emerald. Os resumos foram lidos, quando disponíveis, e os artigos foram selecionados com base na investigação original e na relevância, tendo sido também selecionados outros artigos de autores-chave observados através da pesquisa bibliográfica. Obtiveram-se dezassete artigos que foram incluídos na revisão.

Devido à natureza específica do tópico a pesquisar, foi difícil localizar todos os artigos relevantes através de uma pesquisa sistemática nas bases de dados. Muitas vezes, os artigos foram codificados com termos MeSH alternativos; no entanto, a análise das listas de referências da literatura selecionada permitiu incluir mais investigação primária. A revisão que se segue irá avaliar a literatura atual sobre o agendamento, em particular de doentes não agendados, desde a introdução do modelo de bloco operatório produtivo e, dada a falta de literatura primária, o autor irá também examinar os principais impulsionadores ou facilitadores do agendamento de doentes não agendados, tal como identificados pela análise do campo de forças dos autores.

2.2 Serviços de saúde sob pressão

Os gestores de cuidados de saúde têm de enfrentar desafios extremos face à mudança e à adoção de novos conceitos e tecnologias nas organizações de cuidados de saúde (Glacken et al. (2004) Magee et al. (2003) Nembhart et al. (2006). Os gestores devem ser dinâmicos na implementação de iniciativas de melhoria da qualidade que sejam inovadoras, centradas no doente e neutras em termos de custos, uma vez que os nossos serviços de saúde tentam satisfazer uma procura crescente associada a orçamentos reduzidos. Em 2007, o NHS no Reino Unido enfrentou enormes perdas financeiras. Cada departamento do serviço de saúde foi incumbido de identificar as economias de custos e de introduzir medidas de contenção de custos. O antigo diretor executivo da Granada Television, Gerry Robinson, foi contratado por um hospital para "consertar o NHS" num período de seis meses. Era visível no local de trabalho e inovador com o pessoal da linha da frente, encorajando-o a adotar novos esquemas na sua ética de trabalho para realizar pequenas mudanças no local de trabalho. Isto permitiu ultrapassar estruturas complexas na implementação da mudança; no entanto, houve alguma resistência por parte de colegas seniores que não gostavam do seu estilo de gestão, especialmente quando as salas de operações eram utilizadas na sua capacidade máxima às sextas-feiras à tarde" (Murphy 2007). No entanto, esta inovação contribuiu para a redução das listas de espera através de uma utilização mais eficiente dos recursos e, ao envolver o pessoal da linha da frente, ajudou a garantir a ocorrência da mudança. Gerry Robinson também foi bem sucedido na redução da lista de espera dos doentes ambulatórios pediátricos, aumentando o número de doentes por sessão ambulatória.

Gerry adoptou um estilo de gestão autocrático, mas incentivou o pessoal a trabalhar em colaboração com outros departamentos. Isto provocou mudanças na organização, uma vez que o pessoal se apoiava mutuamente, adoptando inovações e melhorias. Nem todos concordaram com a lógica de Gerry Robinson. Halpern (2007) critica Robinson por ter aumentado os salários e recrutado mais quadros superiores, o que, segundo ele, retirou recursos aos serviços de primeira linha. Halpern insinua que a única mudança que Robinson introduziu foi um aumento da burocracia (Halpern, 2007).

2.3 O Bloco Operatório Produtivo

No domínio da cirurgia, foi introduzida e implementada uma nova iniciativa em todos os hospitais. Esta iniciativa foi designada por The Productive Operating Theatre (TPOT) (Shepherd 2009). O TPOT conseguiu poupar mais de sete milhões de libras esterlinas para o Trust médio, que incluía aproximadamente dezasseis salas de operações em cada hospital do Trust (NHS 2009). Esta série modular foi aclamada pela sua inventividade e foi elogiada pela sua abordagem de desenvolvimento sequencial que se centra na segurança, satisfação, fiabilidade e moral do pessoal. Aplica a investigação e as melhores práticas utilizando técnicas da indústria, tais como as "Ferramentas de Gestão Lean". Estas ferramentas são utilizadas para compreender a prática atual e sustentar programas de mudança que visam a melhoria contínua. A velocidade da mudança depende da cultura da organização, dos recursos e das capacidades para ver as oportunidades e concentrar-se na sua concetualização (Shepherd 2009). O TPOT foi adotado pelo Health Service Executive (HSE) da Irlanda em 2012. O HSE aplicou o modelo de eficiência de custos TPOT ao orçamento cirúrgico irlandês e projectou que, por cada hora de utilização ineficiente do tempo de teatro, estavam a ser desperdiçados mil e quinhentos euros.

Um estudo realizado por Ahmed, Khan et al. (2013) salientou os benefícios do TPOT não só na melhoria das medidas de eficiência, medidas em termos de tempos de execução e poupanças de custos, mas também na identificação dos principais obstáculos a essas melhorias. Existem também algumas provas de que tem efeitos positivos na experiência dos doentes (Ahmed, Khan et al. 2013). O efeito da programação na utilização do tempo do bloco operatório tem sido estudado há várias décadas (Rose e Davies 1984). Antes da chegada do TPOT, a medida inicial da produtividade centrava-se na duração média das operações comuns e na melhor utilização do tempo operatório. No entanto, o foco passou agora para o tempo de procedimento que incorpora a totalidade do percurso de um doente num bloco operatório. O autor deseja, no entanto, alargar o âmbito destas poupanças de tempo, desde a marcação até à chegada à porta do bloco operatório.

2.4 Desafios no domínio da cirurgia

Os cuidados de saúde na Irlanda são geridos e prestados através do Health Service Executive (HSE) a uma população de quatro milhões e meio de pessoas, com um orçamento aproximado de treze vírgula quatro mil milhões de euros (National Service Plan 2013). Tendo em conta que as pessoas vivem mais tempo e têm mais doenças crónicas (Health Status Report 2008), as suas necessidades de saúde irão exigir mais dos serviços que prestamos. O envelhecimento da população e o aumento da prevalência de doenças crónicas não é um fenómeno exclusivo da Irlanda. Kargar, Khanna et al. (2013) descreveram a aplicação de um algoritmo de agendamento assistido por computador num hospital australiano, face ao aumento anual das listas de cirurgias. No entanto, o seu algoritmo foi utilizado apenas para a programação de cirurgias electivas. Um estudo semelhante foi realizado por Agnetis, Coppi et al. (2014) num contexto italiano. Mais uma vez, o seu foco foi a programação electiva. A utilização da programação como um meio eficaz de lidar com o aumento da carga de trabalho foi um tema comum evidente em ambos os estudos. Da mesma forma, ambos os artigos identificaram benefícios secundários, como a utilização eficiente das salas de cirurgia, maior produtividade, menores custos de produtividade e melhores resultados para os doentes; no entanto, estes resultados da investigação só foram descritos após uma análise ad hoc e os estudos não foram concebidos para avaliar estes resultados primários.

Pandit, Stubbs et al. (2009) definiram a eficiência óptima da lista cirúrgica como sendo aquela que maximiza a utilização do espaço operacional, mantendo simultaneamente os excessos e os cancelamentos a um mínimo absoluto. Os autores explicam ainda a diferença entre eficiência e produtividade: enquanto a primeira dá ênfase à produção máxima para um determinado fator de produção, a segunda dá ênfase à produção total. No caso do local de trabalho dos autores, as áreas que podem ser melhoradas em termos de eficiência podem abranger as áreas de recuperação, o transporte, a descontaminação de instrumentos e, no caso do formulário de marcação estruturado, a transição entre a marcação e a entrada no bloco operatório. Foi exercida uma pressão adicional sobre a capacidade dos serviços cirúrgicos para obterem eficiências com a implementação e a aplicação faseada da Diretiva Europeia relativa ao Tempo de Trabalho (EWTD 2009). Bunker et al. (2012) concluíram que a implementação da EWTD não reduziu o acesso dos estagiários às listas de operações lideradas por consultores e levantaram a hipótese de que, nos estudos que contrariaram as suas conclusões, a melhoria das escalas de serviço e dos horários pode ter anulado este efeito.

Fitzgerald, Lum et al. (2006) realizaram um inquérito para identificar as opiniões dos intervenientes no teatro de operações sobre a forma de categorizar os casos de emergência apresentados no bloco operatório. A própria natureza dos casos de emergência é a sua imprevisibilidade, e os resultados do inquérito concluíram que as diferentes partes interessadas tinham opiniões muito diferentes sobre o que se classificava como urgente, semi-urgente ou menos urgente. A maior variação foi registada na categoria semi-urgente, o que ficou ainda mais claro quando se pediu às partes interessadas que avaliassem a hora de início dos procedimentos semi-urgentes. Isto sublinhou a necessidade considerável de avaliação do risco para assegurar uma triagem e cuidados óptimos dos doentes (Fitzgerald, Lum et al. 2006). Estas conclusões coincidem com a experiência dos autores no bloco operatório, onde os casos não programados surgem diariamente e as suas necessidades emergentes têm de ser quantificadas de forma rápida e exacta para garantir cuidados eficazes aos doentes e uma utilização eficiente dos recursos do bloco operatório. Inerente a este processo de decisão está uma análise risco-benefício. Por conseguinte, poderiam ser apresentados argumentos para simplificar a avaliação, a triagem e a admissão. No entanto, um estudo narrativo qualitativo realizado por Adejumo e Adejumo (2009) concluiu que, independentemente da destreza da equipa cirúrgica, a exclusão das partes interessadas no momento de desenvolver a inovação no âmbito dos recursos existentes dificilmente permitirá obter as eficiências planeadas. O autor está ciente de que, para que uma mudança seja implementada e sustentada com sucesso, todas as partes interessadas devem ser envolvidas desde o início e incluídas em todas as fases do processo de mudança e avaliação.

Tem havido um interesse considerável na utilização de modelos matemáticos e simulações para prever o fluxo de doentes no bloco operatório (Cardoen, Demeulemeester et al. 2010, Guerriero e Guido 2011, Agnoletti, Buccioli et al. 2013, Bowers 2013). No entanto, o autor deve sublinhar que as inovações actuais baseadas na sua organização devem ser, no mínimo, neutras em termos de custos e, na melhor das hipóteses, devem poupar custos. Faltam o investimento de capital e os conhecimentos especializados para conceber, implementar e avaliar a programação eletrónica. Apesar de estarem incluídos planos para a instalação de um sistema normalizado de registo de teatro em toda a rede HSE, de acordo com o programa TPOT (HSE 2010), este ainda não foi implementado. Este facto foi ainda salientado por um estudo recente da atividade teatral irlandesa com o HSE. Cronin, Healy et al. (2013) efectuaram uma análise transversal dos sistemas de agendamento de teatro na República da Irlanda. Verificaram que sessenta e um por cento dos hospitais de agudos utilizavam um registo manual e não informatizado de teatros. Apenas quinze por cento tinham um sistema totalmente eletrónico. Este facto realça os desafios enfrentados pelos gestores de teatros, que têm de aumentar a produtividade num ambiente de exigências crescentes, orçamentos reduzidos e apoio e recursos de tecnologias da informação deficientes.

No entanto, intervenções simples, como a melhoria da administração de rotações, podem melhorar o fluxo de doentes no bloco operatório e ter efeitos indirectos para uma melhor gestão das camas (Divecha, Smith et al. 2011). Embora este estudo tenha incidido sobre a programação dos cirurgiões, os efeitos a jusante de uma melhor gestão das camas na unidade de trauma demonstram os benefícios de uma pequena intervenção. O autor teoriza que a introdução de um formulário de reserva simples e estruturado pode ter efeitos semelhantes no fluxo de doentes no bloco operatório, mas também benefícios a jusante de redução dos excessos no bloco operatório, aumento da segurança dos doentes e melhoria da moral do pessoal.

Este conceito de transporte da produtividade foi avançado por Bloodworth (2011) com o conceito de "The Productive Ward". O autor considera que, embora os esquemas teóricos, como o desenvolvido por Pandit, Stubbs et al. (2009), possam ser modelados de forma bastante completa e robusta, a implementação pode ser muito difícil. Na experiência dos autores, há muitas vezes variáveis que podem fazer com que esses modelos tenham um desempenho inferior, por exemplo: factores dos doentes (como a co-morbilidade complexa), factores internos (como os níveis de pessoal) e factores externos (como os orçamentos e a reconfiguração dos serviços). Esta observação é apoiada pelo trabalho subsequente de Pandit, Abbott et al. 2012, que descobriram que os tempos de início e de fim de uma sala de operações inter-hospitalar para procedimentos semelhantes estavam muito pouco correlacionados. Concluíram que, no caso da produtividade, concentrar-se principalmente nos tempos de procedimento era insuficiente e que, de facto, o foco principal deveria ser a programação. Este conceito é apoiado e desenvolvido através do programa TPOT, concentrando-se não só na programação, mas em todas as entradas e saídas dentro da arena do teatro.

2.5 Conclusão

O autor reconhece que existe a possibilidade de identificar eficiências acrescidas no ambiente do bloco operatório, concentrando-se na transição de um doente da enfermaria para o bloco operatório. O autor observou que existem atrasos e discrepâncias no seu horário diário no departamento de operações que poderiam ser melhorados com a introdução do programa TPOT. Estes atrasos parecem girar em torno da transmissão eficaz e exacta da informação sobre o doente da equipa clínica de avaliação para o pessoal do bloco operatório. As lacunas na informação sobre o doente conduzem a atrasos desnecessários para o pessoal do bloco operatório, uma vez que este acompanha os resultados laboratoriais pendentes, os pormenores clínicos omitidos e os erros nos pedidos de procedimentos. Esta situação é frequentemente exacerbada por informações contraditórias provenientes de vários intervenientes nas equipas de teatro. Esta situação leva a uma duplicação desnecessária do trabalho já efectuado, mas que não foi compilado de forma sólida. Estas questões foram ainda agravadas pela natureza manual, não informatizada e "diária" do sistema de marcação de consultas no hospital e pela falta de um sistema integrado de informação sobre o bloco operatório.

Enquanto a literatura considerável sobre agendamento se centra nos doentes electivos, o autor está interessado no agendamento de doentes não programados que necessitam de acesso à sala de operações numa base emergente durante o funcionamento da lista de salas de operações electivas. O autor escolheu o termo "não programado" em vez de "emergência" para se referir a um caso ou casos que se apresentam para marcação. Nem todos os casos apresentados são de emergência aquando da sua chegada ao hospital. Os casos não programados podem variar de doentes que se apresentam para uma cirurgia no dia da cirurgia, mas que não foram programados na lista de salas do dia em questão, a doentes que podem ter uma condição que requer cirurgia mas que estão estáveis a curto prazo, a doentes que estão instáveis e requerem cirurgia imediata. Este problema pode não se colocar noutros hospitais com salas de emergência ou de transbordo dedicadas. No entanto, o hospital do autor tem três salas de operações, uma das quais está idealmente protegida para casos de emergência, enquanto as outras duas são programadas diariamente com listas de operações. No entanto, dadas as pressões crescentes sobre os recursos da sala de operações e as listas de espera, as três salas de operações funcionam durante o dia com um máximo de dois procedimentos maiores e um procedimento menor de cada vez, para acomodar um caso emergente, se necessário. O processo de marcação de um caso não programado pode ter consequências graves para os doentes electivos programados, o pessoal da sala, a disponibilização de recursos críticos, a segurança dos doentes e os objectivos de contenção de custos. A própria natureza de um doente não programado é a imprevisibilidade da sua apresentação. Consequentemente, não é possível planear a sua ocorrência; no entanto, os factores organizacionais que atrasam a transição de um doente para a sala de operações podem ser abordados. Isto constitui a base do programa de investigação e mudança dos autores.

Capítulo 3

Processo de mudança

3.1 Introdução

A mudança social tem estado presente desde o desenvolvimento da civilização, mas a arte e a ciência da gestão dessa mudança é um fenómeno relativamente recente, segundo os mesmos padrões (Diefenbach 2007). Na literatura sobre gestão da mudança, existe uma infinidade de modelos de mudança, cada um com os seus próprios pontos fortes ou limitações. O ponto forte da utilização de um modelo reside no quadro lógico que proporciona para resolver um problema (Okumus & Hemmington 1998). No entanto, nenhum modelo se adapta perfeitamente e é a interpretação pessoal do autor e a execução do modelo na sua organização que determinarão o seu sucesso ou fracasso. Neste capítulo, a autora explora o processo de mudança introduzido na sua organização, começando com uma visão geral da mudança em si, o clima em que a mudança deve ser realizada, o modelo escolhido, as acções tomadas e os passos dados para avaliar a sua implementação.

3.2 O conceito de mudança

Schein (1985) afirma que a cultura de trabalho está incorporada nos *artefactos* organizacionais, que são a disposição dos departamentos, as políticas, os procedimentos, as diretrizes, a legislação, as estruturas, os rituais e a sua história. Hofstede et al (1990) refere ainda que a cultura tem muitas caraterísticas que podem ser holística e historicamente determinadas, antropologicamente relacionadas, socialmente construídas e difíceis de alterar. Sirkin et al (2005) descreve um dos factores de sucesso de uma iniciativa de mudança como sendo o empenho dos quadros superiores e a sua presença visível no apoio à mudança. A importância do mesmo gira em torno da perceção do pessoal em relação à mudança como sendo negativa e uma ameaça ao seu trabalho. Kotter (2000), (cujo modelo de mudança o autor adoptou para este projeto) também salienta a importância do apoio, da visibilidade e da abertura à comunicação dos quadros superiores para que a mudança seja implementada com êxito.

3.3 O clima atual no local de trabalho

Glyn et al (2000) reforçam a importância de as organizações terem uma visão partilhada que seja congruente com a cultura de uma organização. Quando o autor entrou pela primeira vez para o departamento de cirurgia, a cultura dominante no departamento era mercenária. O pessoal trabalhava muitas horas e não havia colaboração com a direção em relação à gestão do desempenho do serviço. O estilo de liderança da direção era hierárquico e não favorecia a iniciativa do pessoal ou a aceitação de novas ideias. A comunicação era ad-hoc, com baixos níveis de diálogo com os responsáveis políticos do hospital ou do Health Service Executive relativamente aos objectivos estratégicos da prestação de serviços partilhados. O autor considerou que a relação de trabalho entre as partes interessadas era agravada por um ambiente de trabalho de alto risco no que respeita à natureza do trabalho e ainda dificultada por uma cultura de culpa subversiva.

Isso foi há treze anos e o autor tem agora o benefício de estar numa posição de gestão sénior. No entanto, durante um período atual de mudança na prestação de serviços cirúrgicos. Vastas mudanças estão a ser abraçadas e grandes desafios têm de ser ultrapassados no departamento cirúrgico do autor. Estas transformações internas devem-se a reformas, a consultores novos e convidados e à redução dos orçamentos, para citar apenas alguns exemplos. As transformações externas devidas a reconfigurações tanto no hospital como no HSE estão a colocar uma pressão crescente nos serviços cirúrgicos. A criação de novos grupos hospitalares e a visão de trusts hospitalares no horizonte prenunciam uma maior reconfiguração do sistema e, provavelmente, orçamentos racionados.

Anualmente, a organização do autor efectua intervenções cirúrgicas em cerca de nove mil doentes, que vão desde ressecções intestinais laparoscópicas a cesarianas de urgência. O trabalho na sala de operações pode ser comparado a uma arena, com um espaço confinado, específico para o trabalho efectuado, e em contrarrelógio. O pessoal sai muito ocasionalmente do serviço para as pausas para as refeições, mas está permanentemente acessível por telefone durante o serviço.

3.4 Escolha do modelo de mudança para este projeto

A literatura faz referência a uma miríade de modelos de mudança diferentes. Um dos primeiros modelos de mudança, por exemplo, é o de Lewin (1951). Kurt Lewin (1951) desenvolveu uma teoria da mudança em três fases, para motivar e orientar as pessoas no processo de mudança. Estas três fases consistiam no *descongelamento, na mudança* e *no recongelamento.* Esta teoria pode ser considerada como desafiando em primeiro lugar a ideologia dominante ou o status quo, subsequentemente é criada uma nova visão ou estratégia, é então introduzida uma mudança para atingir esta visão e o novo equilíbrio ou status quo é subsequentemente adotado e propagado.

O grau de sucesso ou fracasso da proposta de mudança dependerá do equilíbrio entre as forças motrizes e as forças restritivas. Para ter êxito, é necessário aumentar ou gerar forças motrizes suficientes para compensar as forças restritivas ou, idealmente, aumentar as forças motrizes, mas também reduzir as forças restritivas, sempre que possível.

Outros modelos baseiam-se no quadro psicológico da mudança, incluindo: abordagens comportamentais (Prochaska, Di Clemente 1984), abordagens da teoria social cognitiva (Bandura 1988), abordagens emergentes (Pettigrew 1990), abordagens prescritivas

(Kotter 1996), abordagens ascendentes ou descendentes (Shanley 2007) e modelos com as melhores provas, como o modelo de mudança HSE (McAuliffe, Van Vaerenbergh 2006).

O modelo de mudança de Kotters (1996) foi selecionado pelo autor como o modelo preferido para a sua iniciativa de mudança. O autor preferiu a natureza prescritiva do modelo, devido ao facto de ser o seu primeiro projeto de mudança. Do mesmo modo, a sua abordagem lógica e faseada foi mais fácil de concetualizar e "vender" às partes interessadas da unidade cirúrgica. Uma crítica frequentemente feita a este modelo é o facto de ser linear e, por conseguinte, não representar a natureza dinâmica da mudança. O autor modificou ainda mais o conceito para incluir um ciclo contínuo de implementação, avaliação e ação. Na opinião do autor, isto torna o modelo linear algo cíclico, em resposta às críticas de que não é suficientemente flexível para refletir a dinâmica do processo de mudança (Applebaum et al. 2012).

3.5. O processo de mudança

3.5.1 Visão geral

O autor, como já foi referido, escolheu o modelo de mudança de Kotters (figura 3.1). No entanto, o autor modificou ainda mais o conceito para incluir um ciclo contínuo de implementação, avaliação e ação.

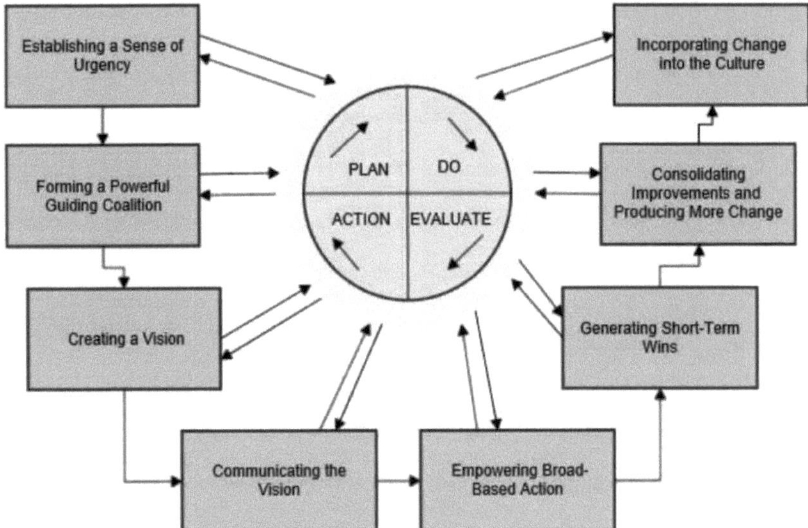

Figura 3.1 - Modelo de Kotters para a mudança.

Adaptado de (Kotter 1996). Esta figura descreve as oito fases do 'Modelo de Mudança' de Kotter (começando no canto superior esquerdo e movendo-se no sentido anti-horário).

3.5.2 Criar uma urgência para a mudança

O primeiro passo do modelo de Kotters envolve o estabelecimento de um sentido de urgência para identificar e discutir uma iniciativa de mudança. Tal como o autor referiu na introdução, a génese deste projeto de mudança resultou de um incidente crítico em que um doente foi adicionado a uma lista de salas de operações sem qualquer informação sobre o doente e sem indicação para o procedimento. Consequentemente, o doente teve uma deterioração clínica significativa que exigiu uma cirurgia de emergência e uma longa reabilitação na unidade de cuidados intensivos. Infelizmente, um membro do pessoal também sofreu um derrame ocular durante a reanimação deste doente, o que causou um sofrimento significativo ao membro do pessoal envolvido.

Plano

O autor apercebeu-se de que este incidente crítico exigiria uma mudança para que houvesse uma redução satisfatória do risco para os membros do pessoal e para os doentes. As soluções possíveis envolviam o desenvolvimento organizacional e o autor selecionou este caso como um estudo de caso adequado no qual basear a sua proposta de mudança. O gatilho e o ónus da mudança já estavam estabelecidos, dado o recente incidente clínico acima descrito. O incidente clínico foi discutido na reunião do pessoal do teatro e o interesse foi tal que o autor decidiu investigar mais aprofundadamente as possíveis soluções.

Fazer

O autor decidiu convocar uma reunião de pessoal para recolher o interesse e as expressões de opinião de todas as partes relevantes sobre questões relacionadas com o agendamento de doentes não programados que se apresentam no bloco operatório. Foi elaborado um documento de manifestação de interesse do grupo de discussão (Anexo 4), que foi distribuído a todo o pessoal clínico e de saúde afeto ao departamento de cirurgia.

Avaliar

Foi convocado um grupo de discussão a partir dos formulários de manifestação de interesse distribuídos entre as partes interessadas. O grupo de discussão inicial era constituído por três enfermeiros do pessoal do bloco operatório e dois médicos hospitalares não consultores (NCHD). Foram discutidos o incidente clínico recente e o problema da marcação de consultas. Foi adoptada a proposta de implementação de um formulário de marcação estruturado.

Ação

Foi acordado que o autor elaboraria um projeto de modelo de formulário de reserva (Anexo 1) para teatro e endoscopia. Um novo grupo de discussão voltaria a reunir-se para debater o modelo e o seu conteúdo e também para efetuar uma análise SWOT do sector cirúrgico.

3.5.3 Criar uma coligação orientadora

O segundo passo do processo de mudança envolve a reunião de uma equipa de partes interessadas com autoridade para efetuar a mudança e o poder de liderar o esforço de mudança através do exemplo. O autor utilizou o modelo de Rodgers (1983) (Figura 3.2) para a difusão da inovação, como quadro de referência para ajudar a identificar os primeiros a adotar a inovação ao criar uma coligação de orientação. Este modelo foi utilizado para ajudar a enquadrar o processo de mudança no futuro.

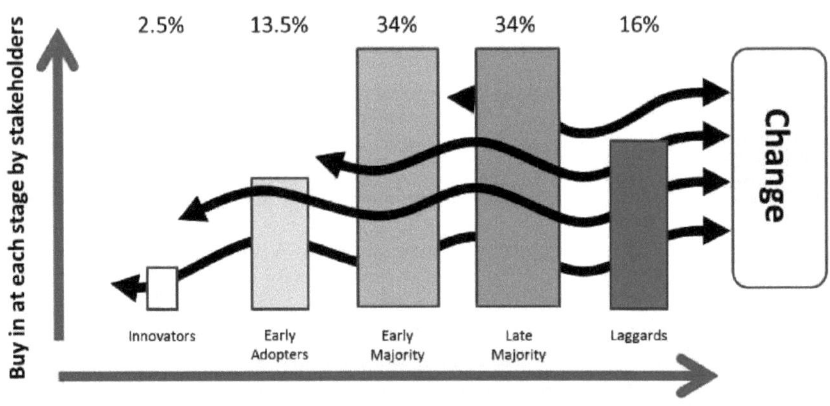

Figura 3.2 Difusão da inovação (adaptado de Rodgers (1983))

Plano

O grupo de discussão foi novamente convocado, uma vez que concordaram em formar um grupo diretor para aconselhar sobre o desenvolvimento do formulário de marcação e a implementação do mesmo. O autor concebeu um conjunto de perguntas de entrevista semi-estruturadas para identificar os pontos fortes, os pontos fracos, as oportunidades e as ameaças à mudança no departamento de cirurgia.

Fazer

Foram criadas e discutidas perguntas para entrevistas semi-estruturadas (Anexo 5) com cada interveniente do grupo diretor. Os temas recorrentes e significativos que emergiram do grupo foram compilados. Decidiu-se que era necessário ter em conta o ambiente interno e que uma análise do campo de forças apresentaria a análise SWOT no seu contexto. Os temas foram divididos em factores impulsionadores e factores de resistência à mudança.

Avaliar

Foi criada uma análise de campo de forças (Burnes 2004) (Figura 3.3).

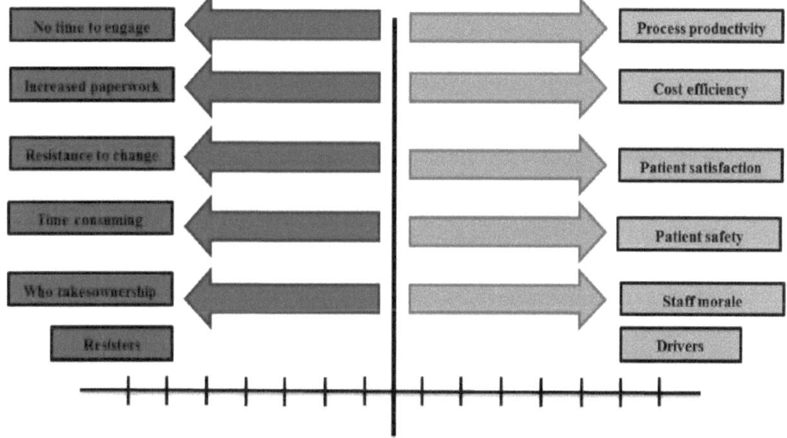

Figura 3.3 Análise do campo de forças. Quando o efeito líquido dos factores de mudança é maior do que o efeito líquido das resistências, é provável que o processo de mudança prossiga. Este mapa mostra que, inicialmente, o grupo diretor identificou tantos factores impulsionadores como resistentes à mudança.

Ação

O autor e o grupo diretor concordaram que a comunicação seria fundamental para ajudar a envolver as partes interessadas necessárias para adotar o processo de mudança. A avaliação inicial da análise do campo de forças concluiu que a probabilidade de instigar a mudança era tão grande como a de falhar. Foi acordado completar o projeto de documento de reserva e testá-lo durante novembro e dezembro de 2013. O novo formulário teria de ser divulgado entre todo o pessoal do teatro para avaliação antes do teste. O Departamento de Registos Médicos foi contactado e informado da introdução do formulário numa base de teste e que este seria arquivado nas notas do doente após o procedimento, na secção de notas cirúrgicas. O departamento de registos médicos concordou.

3.5.4 Criar uma visão poderosa e comunicar essa visão

As etapas três e quatro do modelo de mudança foram realizadas em simultâneo. Isto envolveu a criação de uma visão para ajudar a orientar o esforço de mudança. O autor alinhou o objetivo e os objectivos da proposta de mudança para alcançar essa visão. O autor ajudou a comunicar esta visão dando o exemplo, mas também resolvendo situações em que a oportunidade de utilizar o formulário não foi aproveitada.

Plano

O autor assumiu a responsabilidade pela conceção do formulário de reserva e divulgou o projeto ao grupo diretor. Decidiu-se o objetivo do projeto de mudança, cujo enfoque foi depois reduzido para analisar a transição dos doentes da enfermaria clínica para a sala de operações, antes de entrarem na sala de operações para a indução da anestesia. Os objectivos do projeto foram escolhidos com base nos condutores da análise do campo de forças. O autor pretendia utilizar o efeito positivo dos factores de mudança para alavancar as resistências. Com efeito, se o processo de mudança apresentasse inicialmente resultados positivos, tornar-se-ia auto-propagador, desde que as resistências fossem mantidas ou diminuídas.

Fazer

Foi mostrado ao grupo diretor o primeiro projeto, foram feitas outras sugestões e o formulário foi devolvido ao autor para novas alterações. Foi pedida autorização à direção do hospital para implementar o documento de teste na sala de operações e na sala de endoscopia. Esta autorização foi concedida numa base de teste para novembro e dezembro de 2013. As partes interessadas da unidade cirúrgica foram informadas por correio eletrónico do novo processo de marcação para doentes não programados e os diretores clínicos dos respectivos departamentos foram notificados. As declarações de missão e visão para o teatro foram revistas e o processo de mudança foi alinhado com as mesmas.

Avaliar

O formulário de marcação de testes (segundo projeto) foi introduzido em novembro e dezembro de 2013. O autor monitorizou o cumprimento do preenchimento do documento e a sua utilização pelo pessoal do teatro. Inicialmente, o cumprimento do formulário foi fraco. O pessoal do teatro referiu que o tempo e o trabalho suplementar em papel constituíam um problema. O preenchimento do formulário nas notas dos doentes não estava a ocorrer. A autora considerou que havia poucos utilizadores iniciais e que, na sua ausência, os formulários não estavam a ser preenchidos. Um NCHD referiu algumas áreas em que o formulário poderia ser melhorado, incluindo a inclusão da pessoa a quem foi feita a marcação para aumentar a responsabilidade, a inclusão do número de registo obrigatório do conselho médico para os NCHDs e a estipulação do local onde o formulário deve ser arquivado. Nos casos em que o autor utilizou o formulário, sentiu-se uma poupança de tempo considerável. Além disso, os NCHDs observaram nos seus comentários que, como o formulário ia para a ficha do doente e era assinado pelo clínico que efectuava a marcação, isso criava um rasto de papel e um maior sentido de responsabilidade por parte do NCHD que efectuava a marcação. Em várias ocasiões, quando questionados sobre os pormenores da marcação deixados em branco, os CINH regressaram com novas informações importantes que não teriam sido disponibilizadas se não tivessem sido solicitadas.

Ação

O autor decidiu implementar as alterações sugeridas pelo NCHD (projeto três). O autor considerou que, apesar da fraca adesão de algumas partes interessadas, a premissa central do formulário de reserva funcionou de forma muito eficaz. Foi tomada a decisão de levar o teste a uma implementação completa no início de 2014. Foi solicitada a aprovação ética. Considerou-se que, como os novos NCHDs estavam a entrar para a unidade cirúrgica em janeiro, a inclusão do formulário de marcação no dia de indução da formação ajudaria a aumentar a sensibilização e a capacitar os NCHDs para a utilização do formulário. O formulário também foi incluído no dia de formação para o novo pessoal de enfermagem do bloco operatório. Uma vez que o desempenho relativo ao preenchimento do formulário não foi considerado na fase de teste, o autor decidiu auditar o preenchimento do formulário (cumprimento das respostas e fornecimento de informações quando solicitado) e examinar o tempo que o pessoal de marcação de consultas demora a marcar um doente quando o formulário de marcação é utilizado e quando não é utilizado. Isto constituirá a base da avaliação sumativa do projeto de mudança.

3.5.5 Capacitar os outros para actuarem de acordo com a visão

A quinta etapa do modelo de mudança consiste em eliminar os obstáculos à mudança. Vários desses obstáculos foram identificados na análise do campo de forças e também durante o ciclo de auditoria das etapas três e quatro.

Plano

A formação e a educação foram identificadas como obstáculos à mudança entre o pessoal médico. A introdução do formulário de marcação de consultas precisava de ser incorporada no programa de indução. Era necessário incorporar no formulário de reserva mais feedback das partes interessadas relativamente a riscos infecciosos mais alargados.

Fazer

O autor organizou uma breve sessão de formação de iniciação sobre a utilização do formulário para os novos NCHD e também para o pessoal de enfermagem do teatro. O grupo diretor foi reunido para avaliar os progressos realizados até à data. O diretor de enfermagem da sala de operações do hospital terciário afiliado foi informado do processo de mudança em curso. Foram solicitados contributos de todas as partes interessadas para o novo formulário de marcação. Foi implementada a versão quatro do formulário de marcação. Foi solicitada a inserção de uma pontuação de risco hemorrágico no verso do formulário de marcação de endoscopia para ajudar a triar os doentes para endoscopia.

Avaliar

Foi recebida a aprovação das cátedras de ética para iniciar a mudança organizacional a partir de janeiro de 2014. O processo de mudança foi avaliado no final de janeiro. O cumprimento do preenchimento de todos os campos do formulário foi de oitenta e nove por cento. Vinte e nove casos não programados foram marcados no teatro durante o mês, dos quais vinte e três utilizaram o formulário de marcação para o fazer. Os tempos de atraso associados à utilização ou não utilização do formulário indicaram uma potencial poupança de tempo entre catorze e vinte e três minutos por doente para as marcações não programadas.

Ação

Será dada maior ênfase ao cumprimento de todos os campos obrigatórios no momento da reserva. Os resultados obtidos até à data relativamente ao cumprimento e à poupança de tempo serão disponibilizados às partes interessadas. A pontuação de risco de hemorragia de Blatchford foi aplicada ao formulário de marcação de endoscopia.

3.5.6 Criar ganhos a curto prazo e consolidar as melhorias

As etapas 6 e 7 foram concluídas em simultâneo, à medida que o ritmo do projeto avançava e tendo em conta o curto prazo de execução.

Plano

Os primeiros resultados da avaliação efectuada em janeiro foram muito positivos. O plano era divulgar estes resultados a todas as partes interessadas e à direção cirúrgica. Este ganho rápido ajudaria a cimentar o processo de mudança e a iniciar o processo de adoção permanente desta mudança.

Fazer

O autor reuniu novamente o grupo de direção e transmitiu os resultados preliminares. Foi feita uma apresentação nas reuniões internas, descrevendo em pormenor os progressos do projeto de mudança até à data.

Avaliar

O grupo diretor apresentou outras sugestões relativas à apresentação do formulário de reserva. Decidiu-se eliminar as caixas de seleção gerais e, em vez disso, criar perguntas em que seja necessário identificar uma resposta de sim ou não. Foi também acordado desenvolver uma ferramenta de auditoria para avaliar o cumprimento do formulário no momento da marcação e também para analisar a poupança de tempo. Os dados de avaliação de fevereiro de 2014 revelaram uma taxa de cumprimento de oitenta e seis por cento. Vinte e dois casos não programados foram apresentados na sala de operações, dos quais dezanove utilizaram o formulário de marcação estruturado. Foi dececionante constatar que as medidas de conformidade se mantiveram estacionárias.

Ação

Decidiu-se utilizar as economias de custos projectadas pelo TPOT por hora de tempo de teatro produtivo, para traduzir as potenciais economias de produtividade (com base nas estatísticas do ano passado para casos não programados) e extrapolar para os números deste ano. A versão número cinco do

será gerado um formulário de reserva que reflecte os novos requisitos. Os resultados de fevereiro será divulgado entre todas as partes interessadas.

3.5.7 Institucionalização de novas abordagens

A oitava etapa é a etapa final do modelo de mudança. Este passo prescreve que os novos comportamentos positivos promovidos pelo processo de mudança devem ser ancorados na organização. Isto baseia-se na premissa de que, ao enraizar uma mudança numa cultura organizacional, esta se tornará sustentável.

Plano

Apesar das intervenções contínuas em nome do autor, a taxa de cumprimento do formulário de reserva manteve-se estática em fevereiro de 2014 em comparação com janeiro de 2014. O autor considerou que alguns funcionários do teatro de operações não estavam a aplicar o processo de mudança. As reacções dos novos CCIH que chegaram em janeiro indicaram que o formulário podia ser melhorado para aumentar a credibilidade no que diz respeito à apresentação. As reacções do pessoal anestésico e de enfermagem solicitaram a inclusão de medicamentos anticoagulantes e antiplaquetários no formulário.

Fazer

O autor, em conjunto com o grupo diretor, instigou o controlo do documento no sistema de gestão de documentos da rede hospitalar, o Q Pulse™. Foi proposto que isto daria maior credibilidade ao formulário e também permitiria a geração de avisos de não-conformidade, se necessário, no futuro.

Avaliar

Foi proposto que o controlo do formulário de reserva daria maior credibilidade ao formulário e permitiria também a geração de avisos de não conformidade, se necessário, em 39

no futuro. Isto também permite que o formulário de reserva se torne uma prática comum e facilmente acessível a todas as partes interessadas e não através do autor, como anteriormente. O formulário de reserva foi submetido a mais três iterações e é atualmente a versão sete (Anexo 7). O autor decidiu que os dados de dois meses, embora promissores, são insuficientes para demonstrar uma mudança sustentada.

Ação

A conformidade com a utilização do formulário de reserva deve ser avaliada longitudinalmente. O autor estudará a possibilidade de gerar índices-chave de desempenho com base no aumento da eficiência da marcação. Isto poderia envolver a comparação da hora de marcação acordada com a hora efectiva de apresentação do doente na sala de operações. É necessário avaliar um método mais sólido de cálculo das poupanças no teatro de operações. Faltam medidas de satisfação dos doentes e é necessário identificar uma forma mais eficaz de determinar de que modo a melhoria da programação afecta o bem-estar dos doentes. As medidas de satisfação do pessoal também não são apoiadas para além de provas anedóticas. É necessário investigar métodos para captar a moral do pessoal.

3.6 Conclusão

Um trabalho seminal de Clayton Christensen (2012), a maior autoridade em inovação disruptiva, centra-se na questão de saber por que razão é tão difícil manter uma mudança bem sucedida. A inovação disruptiva, um termo cunhado por Christensen, é um processo transformador que exige a transformação de um produto ou serviço tradicionalmente demasiado complexo em algo menos proibitivo em termos de facilidade de acesso e de processo.

Glyn et al (2000) e Kotter (2000) propõem que a liderança efectiva da mudança envolve o envolvimento de todas as partes interessadas para propagar a importância e a relevância da mudança necessária e a importância de liderar pelo exemplo. Borill (2002), Baulcomb (2003) e Kotter et al (2008) concordam que os indivíduos têm naturalmente receio de qualquer perturbação dos acontecimentos normais do dia a dia e podem não se aperceber da necessidade de implementar a mudança. Prochaska et al (1992) descobriram que o comportamento das pessoas mudava devido à pressão dos empregadores; no entanto, rapidamente voltavam a mudar quando a pressão diminuía. O autor encontrou caraterísticas semelhantes na sua organização. Algumas partes interessadas adoptaram o ponto de vista cínico de que a fase de teste nunca evoluiria para um processo de mudança. Consequentemente, essas pessoas não se envolveram ou envolveram-se apenas superficialmente, reconhecendo o esforço envolvido, mas sem se envolverem elas próprias.

O autor argumenta que estes ganhos a curto prazo são insustentáveis e, por experiência, causam ressentimento entre as partes interessadas, uma vez que estas não aderiram à mudança. Esta fase inicial da mudança de comportamento, no âmbito do modelo proposto por Prochaska et al (1992), é designada por "pré-contemplação". É nesta fase que o tempo gasto em educação e apoio é crucial para a manutenção da mudança (Bandura 1977). O autor dedicou um tempo considerável a tentar aumentar a sensibilização para o projeto através da formação, da indução e da divulgação dos resultados. Shanley (2007) sugere que a adesão rígida a apenas um modelo não é suscetível de produzir sucesso, porque a mudança ocorre de várias formas diferentes. O autor estava ciente deste facto e, embora tenha utilizado Kotter como modelo principal, recorreu a Lewin (1951) e ao modelo de mudança HSE (2006), respetivamente.

Kotter (1996) defende que a incapacidade de envolver as pessoas certas desde o início resultará, muito provavelmente, em fracasso. O autor decidiu desde o início que todas as partes interessadas deveriam estar representadas para garantir que a visão correta (Kotter & Schlesingher 2008) é implementada, mas também que a direção e a trajetória corretas são mantidas. Uma parte interessada que não está presente no grupo de discussão do autor é o principal protagonista, ou seja, o doente. Os métodos actuais de avaliação da satisfação dos doentes giram em torno da iniciativa HSE "your service your say". No entanto, trata-se de uma classificação hospitalar global, e um feedback mais específico dos doentes será de grande ajuda para a definição de futuros processos de mapeamento e prestação de serviços.

A sustentabilidade do processo de mudança do desenvolvimento organizacional do autor reside na questão de saber se esta abordagem à programação, tal como adoptada pelo hospital do autor, pode ou não ser eficazmente introduzida utilizando o modelo de mudança de Kotters. Apesar do curto espaço de tempo, a resposta parece ser "sim". No entanto, o desafio agora é identificar que tipo de inovações na política, procedimento e prática são necessárias para sustentar a mudança no atual ambiente clínico e fiscal. Uma vez que a visão da mudança é estratégica, pode levar algum tempo a ser alcançada ou, na verdade, pode nunca ser alcançada à medida que os objectivos estratégicos mudam.

Por conseguinte, para manter a dinâmica, é importante articular as acções a curto, médio e longo prazo necessárias para manter a visão a longo prazo (Kotter & Cohen 2002).

Esta abordagem à marcação de doentes não programados demonstrou ser muito promissora na reforma das práticas clínicas e de gestão actuais e reforçou o espírito produtivo do modelo de bloco operatório produtivo. O autor e a sua organização demonstraram como um simples formulário de marcação estruturado em papel pode ser implementado para obter melhores resultados. Além disso, será que esta mudança, neutra em termos de custos, poderia ser traduzida e simulada noutros hospitais da rede HSE, para os quais esta inovação teria sinergias? Resta saber se o tempo poupado no processo de marcação pode traduzir-se num aumento dos procedimentos teatrais e do rendimento.

Secção 4: Avaliação

Capítulo 4

4.1 Introdução

A avaliação pode ser definida como um método para medir em que medida uma intervenção atinge os seus objectivos declarados (Lazenbatt 2002). Stufflebeam e Shinkfield 2007 desenvolvem ainda mais este conceito, descrevendo a avaliação como a exploração do que foi planeado num determinado projeto, como é que isso aconteceu e como é que foi percebido pelas pessoas envolvidas. A utilização do termo explorar alude ao papel da prática reflexiva entre os intervenientes na determinação do sucesso de uma intervenção, e não apenas a medições descritivas (Patton 2001). O autor manteve um diário de reflexão durante o processo de mudança e este faz parte das reflexões que acompanham esta tese.

Este capítulo começa com uma análise das categorias de intervenção que podem ser avaliadas e como estas se aplicam ao projeto dos autores. O modelo de avaliação orientado para os objectivos será então aplicado a cada fase do processo de mudança, correspondendo a cada fase do modelo de mudança de Kotter (1996), tal como discutido no capítulo três. Subsequentemente, o objetivo global e cada objetivo (tal como delineado no primeiro capítulo) serão avaliados utilizando um quadro de processo, resultado e impacto. O capítulo termina com uma reflexão sobre a forma como o objetivo geral foi atingido e serão também discutidos os principais pontos de aprendizagem do ponto de vista do desenvolvimento organizacional e da liderança.

4.2 Avaliações dos cuidados de saúde; o que pode ser avaliado?

Ovretveit (1998) descreve quatro categorias de intervenção no desenvolvimento organizacional dos cuidados de saúde. Nomeadamente;

1. Tratamentos
2. Serviços
3. Políticas de saúde
4. Organizações de saúde

A forma como se concebe, realiza e administra uma avaliação depende do tipo de intervenção de saúde que está a ser interrogada. Do ponto de vista do projeto de mudança dos autores, a intervenção em questão está relacionada com uma política de saúde, sob a forma de um formulário de marcação estruturado. Também se pode argumentar que as alterações do fluxo de trabalho que ocorrem no âmbito do projeto de mudança também podem ser do domínio dos serviços e das organizações de saúde, mas em menor grau. Para efeitos de discussão no presente capítulo, considera-se que a intervenção representa uma nova política de saúde.

4.3 Porquê realizar uma avaliação?

Green e South (2006) apresentam seis razões para efetuar uma avaliação.

Nomeadamente;

1. Para determinar se as intervenções funcionaram ou não
2. Melhorar a execução dos programas de saúde
3. Prestar contas aos financiadores
4. Aumentar o apoio à manutenção ou expansão de uma intervenção
5. Contribuir para a base científica das intervenções
6. Ter impacto nas decisões políticas

Na perspetiva da participação em conjuntos de aprendizagem-ação, estas razões ajudaram a enquadrar a escolha e a realização das avaliações durante o projeto de mudança. As razões acima enumeradas incorporam a premissa fundamental da avaliação; essencialmente, o que é que funcionou? Também incorporam o aspeto aplicado da avaliação, como o retorno do investimento e o impacto organizacional. Com isto em mente, o autor avaliará cada objetivo do estudo na perspetiva do processo, do resultado e do impacto. Ao alinhar construtivamente cada objetivo com o resultado, podem ser captadas as consequências pretendidas e não pretendidas do projeto de mudança.

4.4 Escolha do modelo/quadro de avaliação

Para efeitos de avaliação formativa do processo de mudança, o autor adoptou o modelo de avaliação de Kirkpatrick (Kirkpatrick 1959). Este modelo de avaliação foi utilizado para avaliar o alinhamento do processo, o resultado e o impacto (retorno do investimento) de cada objetivo do processo de mudança.

O modelo de Kirkpatrick é composto por quatro níveis e tem um carácter hierárquico (Figura 4.1). O primeiro nível é o da reação, que reúne a reação do trabalhador à intervenção. O segundo nível é o da aprendizagem, em que se avalia o conhecimento e a aplicação do novo sistema por parte do trabalhador. O terceiro nível é o do comportamento e implica avaliar se as acções ou os comportamentos do trabalhador foram modificados para alcançar a intervenção desejada. O último nível é o dos resultados e é neste nível que se avalia o impacto na organização. À medida que se sobe no modelo de Kirkpatricks, há um rigor crescente nos tipos e na metodologia de avaliação necessários para medir os resultados desejados. Não existe um ónus de avaliação em cada nível e o modelo não tem de funcionar em sequência (Kirkpatrick 1959). As críticas ao modelo incluem o facto de implicar que a avaliação é normalizada e que existe uma relação causal entre a satisfação com uma intervenção, a aquisição de conhecimentos e a mudança de comportamento (Bates 2004). No entanto, dada a sua utilização generalizada em projectos de desenvolvimento organizacional, a facilidade de

aplicação e capacidade de transcender os domínios dos cuidados de saúde e das empresas, o autor escolheu este modelo de avaliação como o mais adequado às suas necessidades.

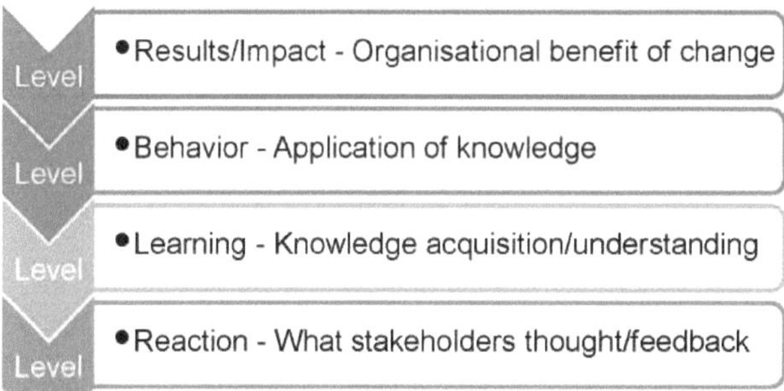

Figura 4.1 Níveis de avaliação de Kirkpatrick (Adaptado de Kirkpatrick 1976)

4.5 Processo de programação

O período de estudo foi de janeiro de 2014 a fevereiro de 2014, inclusive. As estatísticas descritivas para o período de janeiro de 2013 a dezembro de 2013 também são fornecidas para permitir a comparação direta do período de estudo com o ano imediatamente anterior e também para permitir a extrapolação de dados para projecções futuras.

4.5.1 Fontes de atraso

As reacções do primeiro grupo de discussão identificaram vários temas recorrentes no que respeita às fontes de atraso. Nomeadamente;

- Comunicação

  Foi muito difícil contactar cada um dos intervenientes envolvidos para recolher as informações necessárias. Por vezes, era necessário que o programador se deslocasse até à pessoa em questão, muitas vezes a vários andares de distância, para recolher as informações necessárias. No caso de contactar as pessoas por telefone ou pager, a dificuldade era ainda maior.

- Exatidão das informações

Devido à dificuldade de contactar as pessoas diretamente envolvidas com o doente em questão, foi muitas vezes necessário confiar em informações em segunda mão transmitidas pelo colega de trabalho das partes interessadas. Esta situação não é ideal e corre o risco de ser mal informada.

mação.

- Responsabilidade

Embora fosse da responsabilidade dos programadores atribuir uma hora para a realização do procedimento em questão, este processo não nomeava qualquer indivíduo ou grupo responsável por garantir que o doente era devidamente preparado para a sala de operações. Não havia uma pessoa responsável por garantir que o doente fosse atendido por um anestesista em tempo útil e, caso surgisse uma complicação, não era possível estabelecer uma cadeia de responsabilidade clara. Isto representava uma má governação clínica em nome de todas as partes interessadas.

Nalguns casos, os atrasos devidos a procedimentos pré-operatórios incompletos foram tão graves que os procedimentos tiveram de ser adiados para fora do horário de funcionamento (17h00 - 09h00) e mesmo reagendados para o dia seguinte.

4.5.2 Carga de trabalho no departamento de teatro

No período de catorze meses, de janeiro de 2013 a fevereiro de 2014, deram entrada no hospital dez mil oitocentos e oito e nove doentes cirúrgicos. Destes doentes, dois mil seiscentos e onze foram internamentos cirúrgicos com marcação e urgência, dois mil novecentos e oitenta e seis foram internamentos ginecológicos com marcação e urgência e dois mil quinhentos e setenta e dois foram internamentos para endoscopia, como se pode ver na figura 4.2. Para efeitos do presente estudo, não serão consideradas as urgências obstétricas (ou seja, cesarianas).

Completed Surgeries Jan 2013 - Feb 2014

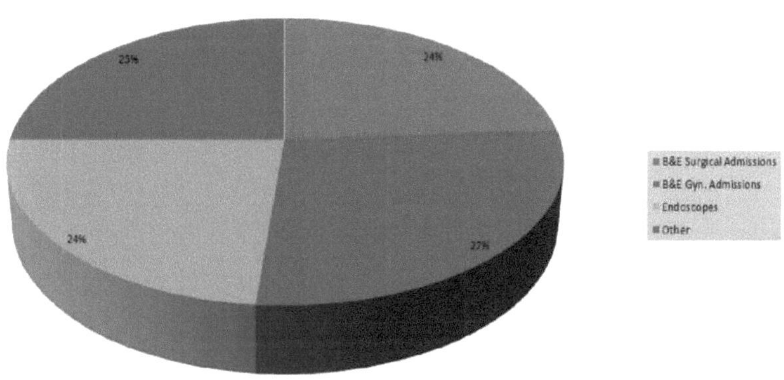

Figura 4.2 Proporção de cirurgias concluídas, discriminadas por especialidade, de janeiro de 2013 a fevereiro de 2014, inclusive.

4.5.3 Procedimento concluído nas horas centrais

No total, foram operados trezentos e oitenta e quatro doentes não programados durante o período de catorze meses. Este número não inclui os procedimentos obstétricos de urgência.

Destes trezentos e oitenta e quatro, duzentos e noventa e dois foram efectuados dentro do horário central das 08h00 e das 22h00 e noventa e dois foram efectuados fora deste horário.

A repartição mensal é apresentada no quadro 4.1 e na figura 4.3, respetivamente.

Relativamente ao total de cirurgias realizadas em cada mês, a proporção de cirurgias realizadas fora do horário normal de trabalho (entre as 22h00 e as 08h00) diminuiu nos meses de janeiro e fevereiro de 2014, quando foi introduzido o formulário de marcação. Em janeiro de 2013, vinte e quatro por cento dos procedimentos não programados foram realizados fora do horário normal, contra doze por cento em janeiro de 2014. Do mesmo modo, em fevereiro de 2013, vinte e

dois por cento dos procedimentos não programados foram efectuados fora do horário de funcionamento, percentagem que diminuiu para dezoito por cento em fevereiro de 2014.

Mês	Antes das 22.00	22.00 às 08.00
Jan-13	28	9
Fev-13	25	7
março-13	21	8
abril-13	20	6
maio-13	20	8
Jun-13	11	6
Jul-13	20	6
Ago-13	23	10
Set-13	20	11
Out-13	14	4
Nov-13	22	6
Dez-13	27	8
Jan-14	23	3
Fev-14	18	4
Total	**292**	**96**

Tabela 4.1 Repartição de todas as cirurgias não programadas realizadas dentro ou fora do horário de funcionamento, de janeiro de 2013 a fevereiro de 2014, inclusive. O período de estudo está sombreado a verde. A hora é indicada em formato de relógio de 24 horas.

Tempos de cirurgia: Jan. 2013 - Fev. 2014

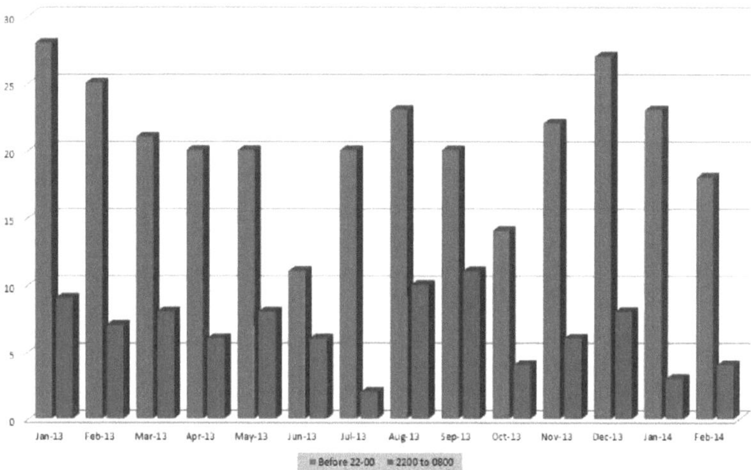

Figura 4.3 Representação em histograma dos procedimentos mensais não programados realizados dentro (barra azul) ou fora (barra vermelha) do horário normal de trabalho para todos os procedimentos de janeiro de 2013 a fevereiro de 2014, inclusive.

Note-se que, como só foram recolhidos dados relativos a dois meses após a implementação do formulário de marcação, este valor pode não ser fiável. O autor considera, no entanto, que se trata de uma indicação positiva das melhorias possíveis com a utilização deste formulário e de um exemplo de mudança de comportamento entre as partes interessadas no que diz respeito a derrapagens no teatro e a uma melhor programação.

Esta diminuição das horas de trabalho tardio pode ser observada na figura 4.4, com os meses de teste do formulário de marcação indicados dentro da oval sombreada. É igualmente indicada a percentagem média de procedimentos nos doze meses anteriores.

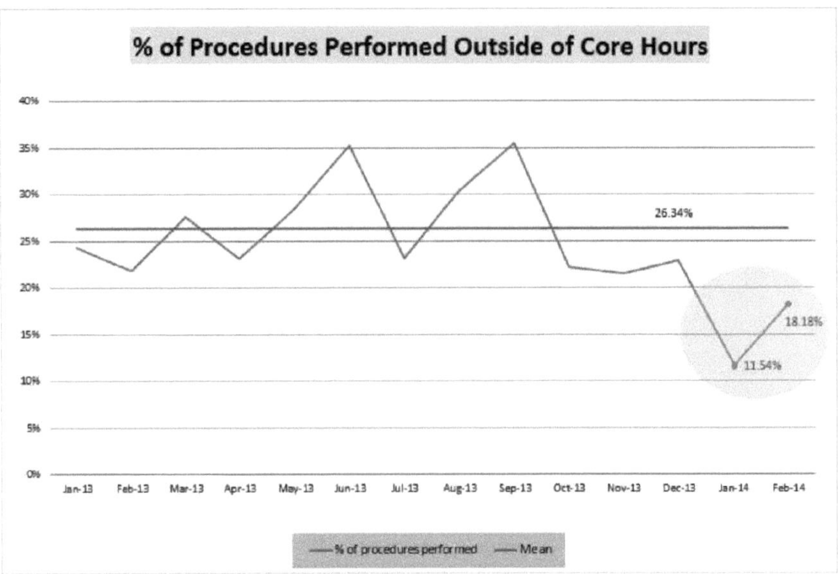

Figura 4.4 Percentagem de procedimentos efectuados fora do horário principal em relação à média anualizada do ano anterior.

4.5.4 Mapeamento do fluxo de trabalho

No início da redação deste estudo, o processo de marcação de consultas que estava em vigor era muito heterogéneo. Depois de o doente ter sido aprovado para a sala de operações pela equipa cirúrgica, o nome do doente era enviado ao programador/irmã da sala de operações para atribuição.

Quando recebiam o nome do doente, era da responsabilidade dos responsáveis pela marcação descobrir todos os pormenores necessários sobre o doente. Isto implicava um longo e laborioso processo de telefonar a cada um dos respectivos intervenientes (consultor/DCN, pessoal das enfermarias, raio-X, laboratórios, etc.) a fim de determinar o historial, o estado e as necessidades actuais do doente em questão. Este processo era repetido para cada doente e revelou-se muito ineficaz. Foi acordado calcular o tempo gasto durante a marcação de um doente não programado. Isto foi feito pelo autor através da observação direta do processo antes da implementação do formulário de marcação. Foi efectuada uma amostragem por conveniência de dez doentes não agendados sequenciais. Este processo está representado graficamente

na figura 4.5, com os intervalos de tempo superior e inferior para cada passo.

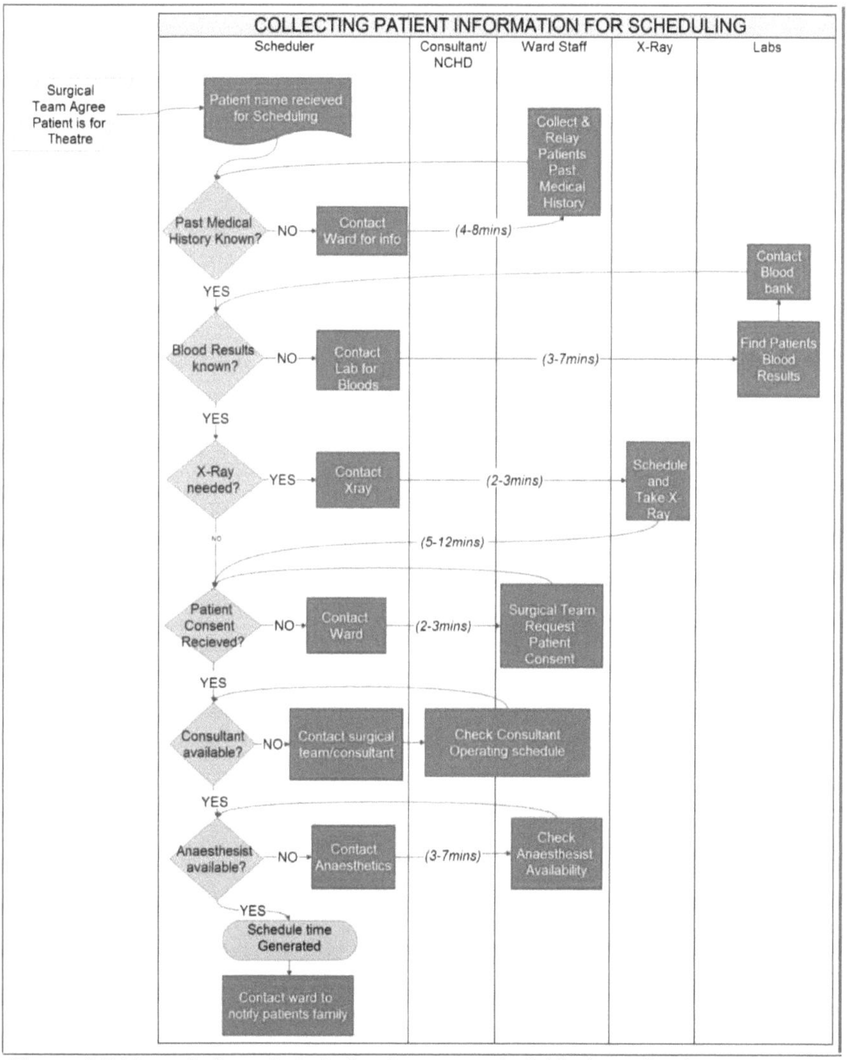

Figura 4.5 Mapa do fluxo de trabalho dos passos individuais realizados para agendar um doente não programado durante uma lista de teatro ativa. Os tempos são apresentados como um intervalo entre o período de tempo mais curto e o mais longo necessário para concluir cada tarefa relativa a doentes não programados durante o período de observação (n=10).

4.6 Introdução do formulário de reserva

4.6.1 Conformidade com a utilização do formulário de reserva

Antes da introdução do formulário de marcação, cada membro do pessoal de teatro envolvido na marcação de doentes não programados recebeu uma formação sobre como preencher o formulário, dada pelo autor. Embora o feedback em relação ao formulário de marcação tenha sido positivo, registaram-se alguns problemas de cumprimento.

No mês de janeiro de 2014, foram encaminhados para o bloco operatório vinte e nove casos não programados. Destas vinte e nove, vinte e seis foram efectuadas no mês de janeiro e vinte e três fichas de marcação foram preenchidas. Isto corresponde a um cumprimento de oitenta e oito por cento. No mês de fevereiro de 2014, foram encaminhados para o Bloco Operatório vinte e dois casos não programados. Todos os vinte e dois foram realizados nesse mês e foram preenchidas dezanove fichas de marcação para estes procedimentos. Isto corresponde a um cumprimento de oitenta e seis por cento (quadro 4.2).

4.6.2 Cumprimento do preenchimento do formulário de reserva

Registaram-se alguns problemas com o preenchimento completo do formulário. Dos formulários que foram submetidos quando o doente estava a ser programado para a sala de operações, os dados demográficos mais frequentemente omitidos foram a hora e a data em que a equipa cirúrgica pretendia realizar o procedimento, o registo se o consentimento foi obtido e o registo se o anestesista foi contactado (tabela 4.3). No entanto, o autor acredita que, com a formação contínua e a utilização do formulário, as omissões registadas durante este período experimental inicial irão diminuir. No entanto, deve ser dada mais formação aos enfermeiros responsáveis pelo planeamento para garantir que recusam formulários incompletos.

	janeiro de 2014	fevereiro de 2014
Doentes não programados encaminhados	29	22
Doentes adiados/anulados	3	0
Cirurgias realizadas	26	22
Formulários de reserva preenchidos	23	19
% de conformidade com o formulário de reserva	**88.46%**	**86.36%**

Tabela 4.2 Cumprimento do preenchimento do formulário de marcação estruturado para todos os casos não programados apresentados no teatro de operações durante janeiro de 2014 a fevereiro de 2014, inclusive.

Campo demográfico	**janeiro de 2014 N=23**		**fevereiro de 2014 N= 19**	
	Sim	Não	Sim	Não
Endereços	21	2	16	3
Nome manuscrito, etc.	2	21	3	16
Data e hora da reserva	23	0	17	2
Pedido de data e hora para o procedimento	17	6	16	3
Tipo de procedimento (urgente/rotineiro)	23	0	17	2
Pedido de tipo de procedimento	23	0	17	2
História médica pregressa relevante (PMH)	23	0	17	2
Alergias, etc.	22	1	17	2
Consentimento	17	6	15	4
Equipa anestésica contactada	20	3	14	5
Assinatura da CNDH requerente	23	0	17	2
Nome do consultor responsável pela execução	23	0	17	2

Tabela 4.3 Conformidade com o preenchimento dos dados demográficos nos formulários de marcação apresentados durante o agendamento de um doente não programado durante o período do estudo.

4.6.3 Mapeamento do fluxo de trabalho após a introdução do formulário de reserva

O exercício de mapeamento do fluxo de trabalho envolvendo o pessoal da sala de operações no processo de marcação de doentes não programados foi efectuado após a introdução do formulário de marcação. Este exercício foi efectuado pelo autor através da observação direta do processo antes da implementação do formulário de marcação. Foi efectuada uma amostragem por conveniência de dez doentes não programados sequenciais. Este processo está representado graficamente na figura 4.6, com os intervalos de tempo superior e inferior para cada passo.

A introdução do formulário de marcação de consultas abordou uma série de questões levantadas pelo grupo de discussão. O principal objetivo era criar um processo que reduzisse a duplicação, assegurasse o envolvimento de todas as partes interessadas necessárias no início da marcação, fornecesse informações mais eficazes sobre a marcação ao doente e tivesse uma linha clara de responsabilização.

Com a nova via de agendamento, o formulário de marcação é iniciado pela equipa cirúrgica assim que o doente é considerado clinicamente estável para avançar para a sala de operações. A equipa cirúrgica preenche todos os campos do formulário de marcação na enfermaria ou no teatro. Em seguida, a equipa reúne-se com o coordenador da sala de marcações de serviço para acordar uma hora para a cirurgia, eliminando a necessidade de uma chamada telefónica de acompanhamento do responsável pelas marcações algum tempo depois.

A equipa deve então certificar-se de que o doente obteve o seu consentimento e notificou o anestesista e todas as outras pessoas relevantes, se for caso disso. De seguida, assinam o formulário, responsabilizando-se pela veracidade da declaração. O formulário permanece na receção da sala de operações até à chegada do doente e, uma vez concluídas todas as verificações, o formulário é arquivado na ficha do doente.

O autor identificou um potencial considerável de poupança de tempo. Em comparação com o sistema de marcação de consultas antes da introdução do formulário estruturado de marcação de consultas, foi possível poupar, em média, um tempo mínimo de doze minutos e um tempo máximo de trinta e três minutos. Este facto tem consequências consideráveis quando estas medidas são generalizadas ao volume de trabalho dos doentes não programados durante um período anual.

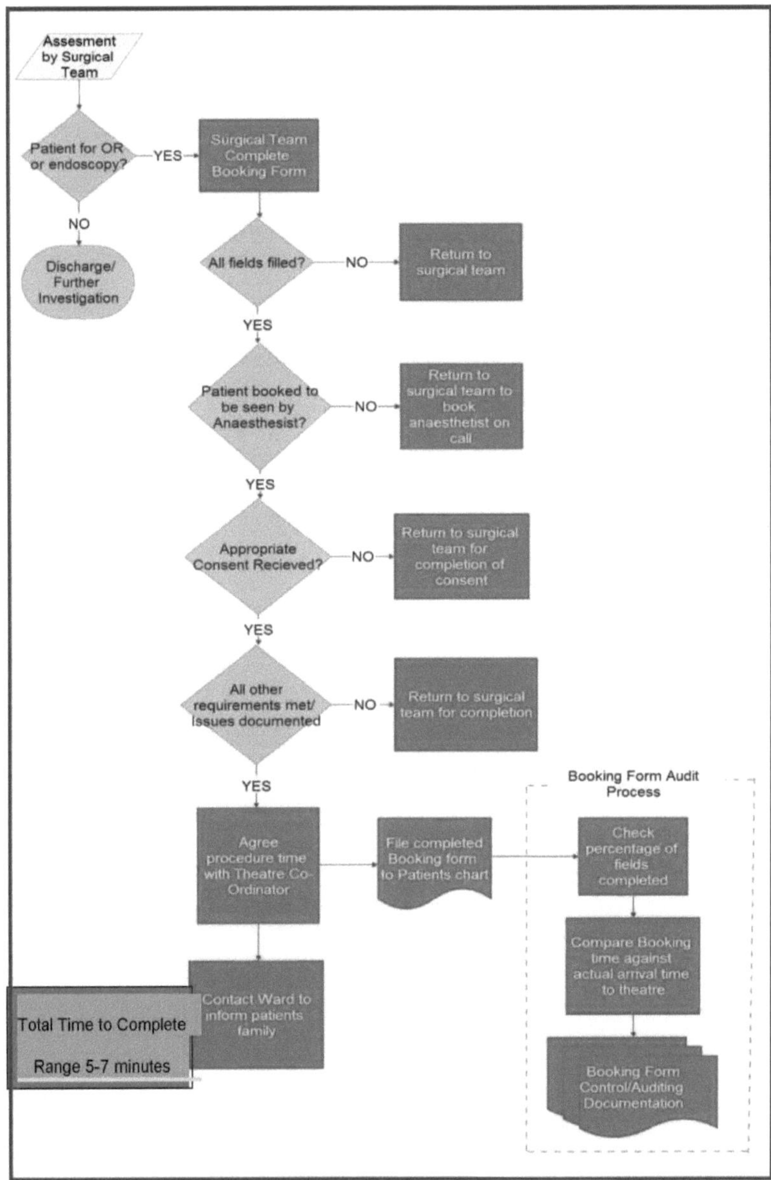

Figura 4.6 Mapa do fluxo de trabalho dos passos individuais dados para marcar um doente não programado durante uma lista de salas ativa após a introdução do formulário de marcação estruturado. Os tempos são apresentados como um intervalo entre o período de tempo mais curto e o mais longo necessário para concluir cada tarefa relativa a doentes não programados durante o período de observação (n=10)

O autor incluiu uma etapa adicional ao processo para garantir que cada formulário estava a ser adequadamente auditado. Este tempo não é contabilizado no cálculo do tempo, uma vez que é efectuado como parte da garantia de qualidade e realizado fora do tempo clínico normal.

4.6.4 Tempo necessário para marcar um doente não programado

Ao efetuar um exercício de mapeamento do processo, o autor conseguiu aproximar o tempo necessário para marcar um doente não programado, em média, e as causas do atraso (tabela 4.3), em comparação com a marcação de um doente após a introdução do formulário de marcação estruturado (tabela 4.4). Estes dados podem ser utilizados para extrapolar as exigências de tempo que os doentes não programados impõem ao pessoal de teatro do serviço. Utilizando os dados de doentes não programados do ano anterior, o tempo total gasto por mês durante o ano de 2013 pode ser calculado com base na poupança de tempo mínima (tabela 4.5) ou máxima (tabela 4.6).

Acções	Tempo mínimo	Tempo máximo
Laboratório de contacto	3	7
Radiografia	2	3
Conclusão da radiografia	5	12
Confirmar o historial com o pessoal da	4	8
Contactar o anestesista	2	3
Contactar o banco de sangue	3	7
Formulário de pré-reserva atraso total	19	40

Tabela 4.3. Tempo que o pessoal da sala de operações demora a marcar um doente não programado para a sala de operações e áreas onde ocorreram atrasos, expresso em minutos

Acções	Tempo mínimo	Tempo máximo
Todos os campos obrigatórios foram	2	2
Concorda com a data e hora da reserva	2	3
Registo na agenda de reservas do teatro	1	2
Atraso total do formulário de pós-reserva	5	7

Tabela 4.4 Tempo que o pessoal do teatro de operações demora paciente para o e áreas após a introdução do formulário de reserva em que se registaram atrasos, expressos em minutos

Mês de 2013	Potenciais horas poupadas nas horas de	Potenciais horas poupadas fora do	Total
janeiro	5.6	1.8	7.4
fevereiro	5	1.4	6.4
março	4.2	1.6	5.8
abril	4	1.2	5.2
maio	4	1.6	5.6
junho	2.2	1.2	3.4
julho	4	1.2	5.2
agosto	4.6	2	6.6
setembro	4	2.2	6.2
outubro	2.8	0.8	3.6
novembro	4.4	1.2	5.6
dezembro	5.4	1.6	7
Total	**50.2**	**17.8**	**68**

Tabela 4.5 Potencial poupança total de tempo em horas dentro, fora do núcleo e total de horas com base nos dados de atividade de doentes não programados de 2013, quando é aplicada a poupança **mínima de** tempo gerada pelo formulário de marcação.

Mês de 2013	Potenciais horas poupadas nas horas de	Potenciais horas poupadas fora do	Total
janeiro	15.4	5.0	20.4
fevereiro	13.8	3.9	17.6
março	11.6	4.4	16.0
abril	11.0	3.3	14.3
maio	11.0	4.4	15.4
junho	6.1	3.3	9.4
julho	11.0	3.3	14.3
agosto	12.7	5.5	18.2
setembro	11.0	6.1	17.1
outubro	7.7	2.2	9.9
novembro	12.1	3.3	15.4
dezembro	14.9	4.4	19.3
Total	**138.1**	**49.0**	**187.0**

Tabela 4.6 Potencial poupança total de tempo em horas dentro, fora do núcleo e total de horas com base nos dados de atividade de doentes não programados de 2013, quando se aplica a poupança **máxima** de tempo gerada pelo formulário de marcação.

4.6.5 Potenciais poupanças monetárias ao abrigo das disposições do TPOT

A utilização do TPOT como modelo permite a extrapolação dos benefícios em termos de custos no domínio do teatro. O TPOT indica que o principal custo de funcionamento de uma sala de operações é de mil e quinhentos euros por hora. Ou seja, este é o custo de ter uma sala de operações aberta e pronta para receber um doente, com pessoal auxiliar e recursos prontos. Por conseguinte, qualquer paragem do sistema é proibitivamente dispendiosa. Utilizando esta informação, o autor pode fazer projecções de possíveis poupanças de custos para o sistema de teatro, se as poupanças obtidas durante a eficiência das marcações puderem ser traduzidas numa maior utilização de recursos no teatro. A Tabela 4.7 lista as potenciais poupanças projectadas com base nas poupanças de tempo aplicadas a doentes não programados em 2013. A Figura 4.7 apresenta em pormenor as potenciais poupanças de tempo acumuladas por mês em 2013 (assumindo o potencial máximo de poupança de tempo) para os doentes não programados. A figura 4.8 apresenta em pormenor as economias monetárias potenciais acumuladas (com base nas economias de tempo potenciais máximas) em euros, utilizando as economias de mil e quinhentos euros por hora descritas no quadro TPOT.

	TOTAL S	URGÊNCI
Mês de 2013	**MIN (€)**	**MAX (€)**
janeiro	11100	30525
fevereiro	9600	26400
março	8700	23925
abril	7800	21450
maio	8400	23100
junho	5100	14025
julho	7800	21450
agosto	9900	27225
setembro	9300	25575
outubro	5400	14850
novembro	8400	23100
dezembro	10500	28875
Total	**102000**	**280500**

Tabela 4.7 Economias monetárias potenciais totais para todas as cirurgias não programadas efectuadas em 2013 (utilizando o quadro de custos TPOT) com base nas economias de tempo mínimas e máximas obtidas após a introdução do formulário de marcação estruturado.

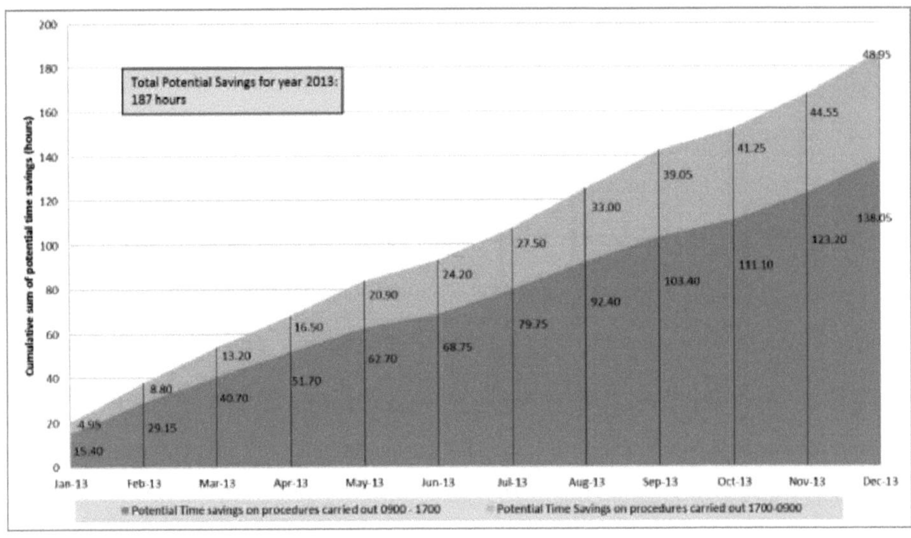

Figura 4.7 Potencial cumulativo de poupança de tempo aplicado a casos não agendados durante 2013, com base na poupança máxima de tempo através da introdução do formulário de marcação estruturado.

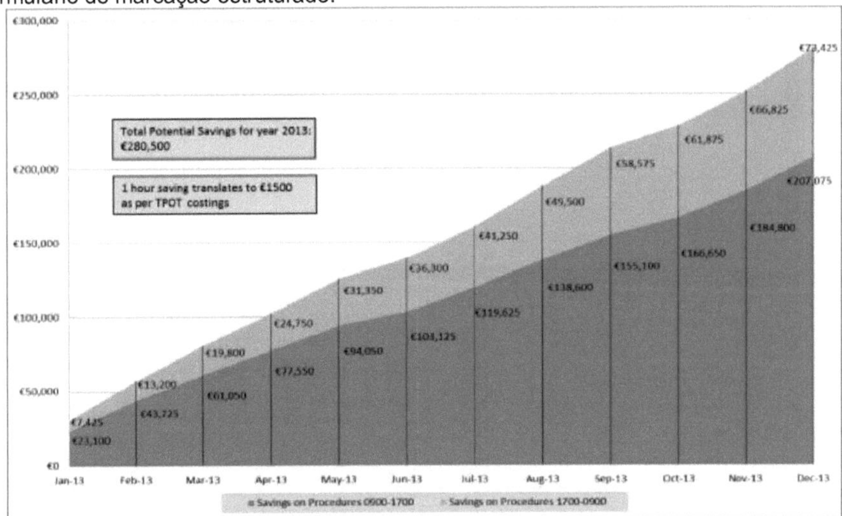

Figura 4.8 Potenciais poupanças monetárias cumulativas aplicadas aos casos não agendados durante 2013, com base nas poupanças máximas de tempo resultantes da introdução do formulário de marcação estruturado

4.7 Reflexões sobre as principais aprendizagens em matéria de liderança e

desenvolvimento organizacional através da avaliação

O autor tomou consciência da diferença entre o seu papel atual de gestor e o conjunto de competências necessárias para liderar um projeto de mudança. A gestão gira frequentemente em torno da gestão do status quo, ao passo que para se tornar um agente de mudança é necessário influenciar várias partes interessadas e causar perturbações e mudanças organizacionais no departamento de teatro. O autor também reconhece a importância de ter uma visão e de comunicar com os colegas cara a cara. Do mesmo modo, há uma necessidade constante de comunicar a visão de forma clara e eficaz em todas as alturas. Muitas vezes, é necessário liderar a partir da frente e através do exemplo. Foi necessário que o autor se tornasse o defensor do formulário de teste na sua fase inicial, uma vez que, inicialmente, a resistência era grande e era visto como mais um exercício de papel.

A reflexão de Rodgers (1983) sobre a difusão da inovação ajudou a reforçar a importância da liderança distribuída, da apropriação partilhada e da responsabilidade. Uma vez que o processo de mudança estava a decorrer e a ser adotado, era imperativo que a liderança ocorresse a todos os níveis e entre todas as partes interessadas para garantir que a sua implementação fosse robusta, válida e não fragmentada. Por último, o autor reconhece a necessidade de estar ciente da micropolítica da liderança de um projeto de mudança, que exige lidar com múltiplas partes interessadas e a necessidade de negociação, negociação e resolução de conflitos constantes.

4.8 Conclusão

O ambiente cirúrgico pode ser um local perigoso, mesmo em condições normais. Scott et al. (2004) demonstraram que os doentes na fase perioperatória estão expostos a níveis mais elevados de incidentes adversos. Hannes et al. (2012) sublinham a importância de um ambiente de confiança e apoio, combinado com gestores que dão prioridade à segurança e aderem ao protocolo de segurança, que teve um efeito positivo na cultura da comunicação de incidentes. Rothrock (2003) discute o risco para os doentes no bloco operatório, nomeadamente: infecções, perigos químicos e eléctricos. A inscrição de um doente não programado numa lista de salas de operações pode, por conseguinte, estar repleta de perigos para quem não for devidamente avaliado.

A introdução deste formulário de marcação estruturado tem a sua evolução num incidente de segurança dos doentes. No entanto, o processo de mudança permitiu que a evolução do projeto se centrasse no desenvolvimento organizacional, na minimização dos riscos, na eficácia da documentação, na eficiência dos horários e na satisfação dos doentes e do pessoal. As potenciais poupanças identificadas neste processo de mudança não podem ser ignoradas. Dada a redução progressiva dos orçamentos no HSE e a prioridade de manter os serviços de primeira linha, este desperdício deve ser eliminado do sistema em todos os pontos da prestação de serviços. O autor considera que existe uma responsabilidade moral e ética entre os gestores de topo no sentido de prestarem o melhor serviço possível aos nossos pacientes e de implementarem iniciativas que garantam recursos adequados para os nossos serviços aos pacientes. A implementação de um método robusto, neutro em termos de custos e auditável de agendamento de salas de operações, sob a forma de um formulário de reserva estruturado, demonstrou atenuar os atrasos indesejáveis durante o dia e menos excessos em horas não essenciais. O resultado foi o aumento da produtividade em termos de tempos de espera, a prevenção de atrasos, a minimização de cancelamentos e a contenção efectiva dos custos.

Capítulo 5

Discussão

5.1 Introdução

A investigação levada a cabo por Glacken et al. (2004) e Nembhard et al. (2006) identifica que a perceção de falta de autoridade, de autonomia e de conhecimentos baseados em provas está na origem de falhas no início dos processos de mudança. Esta situação, associada a apoio e instalações inadequados, constitui uma barreira fundamental que as equipas de cuidados de saúde encontram quando implementam a mudança (Nembhard et al. 2006). Embora se possa argumentar que a falta de conhecimentos é uma das principais barreiras à mudança, há estudos que indicam que os enfermeiros não utilizam a investigação de forma adequada na sua prática baseada na evidência. De acordo com a experiência dos autores, a atribuição de tempo e a adesão de todas as partes interessadas, especialmente da direção, são fundamentais para instigar a mudança numa organização e para avaliar a mudança em relação às melhores práticas, a fim de garantir uma prática segura. Existem alguns casos irlandeses dignos de nota que realçam as consequências catastróficas de uma auditoria deficiente e de uma melhoria ineficaz da qualidade, por exemplo, Dunne versus Holles Street (1990), o Inquérito Lourdes (2006) e, mais recentemente, o relatório de 2014 sobre os serviços de maternidade de Portlaoise.

Todas as etapas do processo de gestão do risco devem ser sujeitas a monitorização e revisão regulares (Weir, 2005). O autor considera que a análise do risco deve ser pertinente no ambiente cirúrgico, e também considerada como uma oportunidade de crescimento e aprendizagem, permitindo a identificação de oportunidades para melhorar as práticas actuais. O processo de gestão do risco envolve uma abordagem normalizada para a identificação, análise, avaliação e tratamento do risco (National Patient Safety Agency, 2005). Este processo é comunicado aos intervenientes internos e externos relevantes em todas as fases. Na análise do grupo de discussão, a documentação deficiente, a comunicação deficiente e a interação ineficaz entre as partes interessadas foram algumas das razões modificáveis pelas quais as listas de salas de operações se estendiam à prestação de serviços fora de horas. Está bem documentado que as operações efectuadas fora das horas de ponta correm um maior risco de complicações devido ao efeito da fadiga na redução do desempenho (Wyatt, Houghton et al. 1990, Bertram, Hyam et al. 2013).

5.2 Impacto da mudança na organização

O objetivo deste projeto foi, no contexto de doentes não programados que se apresentam no bloco operatório, introduzir um formulário de marcação estruturado para melhorar os padrões de fluxo de trabalho desde o ponto de marcação até à transição para o bloco operatório.

Este objetivo foi alcançado com êxito através da realização do processo de mudança, abordando cada objetivo coletivamente.

1. A introdução do formulário estruturado de marcação de consultas para procedimentos não programados reduziu algumas barreiras à mudança, através da identificação, educação, formação e comunicação efectiva.

2. Melhorou a comunicação entre as partes interessadas e os profissionais de saúde aliados na interface dos ambientes cirúrgicos e clínicos, minimizando assim os riscos para os doentes devido a incidentes adversos.
3. A carga administrativa é reduzida através do preenchimento de um único formulário pela pessoa que efectua a marcação, limitando as chamadas telefónicas para as enfermarias, laboratórios e atrasos no funcionamento, etc.
4. O formulário de marcação é a primeira linha de comunicação entre a pessoa que efectua a marcação e o acordo sobre a hora do procedimento. Isto reduziu as falhas de comunicação entre o pessoal, uma vez que todas as informações relevantes constam do formulário de marcação depois de preenchido.
5. O formulário de reserva maximizou a utilização dentro do horário de trabalho principal, quando há pessoal adequado no local e disponível para efetuar o procedimento.
6. O formulário de marcação mostrou uma redução nas operações fora de horas, uma vez que os procedimentos são marcados para uma hora acordada dentro do horário de trabalho principal, sempre que possível.
7. O moral do pessoal aumenta, uma vez que estão a trabalhar as horas acordadas e há uma redução dos atrasos no trabalho fora de serviço, graças a uma programação mais eficiente, baseada em informações clínicas completas.

5.3 Pontos fortes e limitações

5.3.1 Pontos fortes

O formulário de marcação de consultas é um modelo de melhoria contínua, com provas de que o trabalho está a ser concluído com maior frequência dentro do horário normal. O autor relata provas anedóticas de diminuição de falhas, por exemplo, o atraso do cirurgião, o extravio dos registos de saúde dos doentes, o facto de os doentes não estarem prontos para o procedimento acordado em resultado de terem todas as informações reunidas num único local, etc.

Existem provas documentais de melhorias na eficiência, uma vez que os doentes estão a realizar os seus procedimentos num prazo acordado, poupando assim tempo e recursos e diminuindo o risco de um acontecimento adverso. Este facto pode ser atribuído ao tempo que o pessoal da sala de operações poupa na procura dos resultados dos doentes e no alerta para o pessoal de apoio ou para as necessidades dos doentes. A redução da duplicação da carga de trabalho e da distração desnecessária do pessoal da sala de operações permite a sua utilização em actividades mais produtivas, como a transferência de doentes em recuperação.

Os HIQA Standards for Safer Better Healthcare (2013) reiteram que a segurança dos doentes é fundamental e que as medidas tomadas em antecipação de um acontecimento adverso são cruciais. O NHS Never Taskforce (2014) concluiu que, para conseguir uma redução contínua dos danos, são essenciais três estratégias: a redução da variação na prática, a promoção da aprendizagem com os erros e a promoção da responsabilidade profissional. O formulário de registo estruturado permite um "rasto de papel" auditável, caso um incidente tenha de ser investigado por falhas de processo.

O processo foi neutro em termos de custos e o mapeamento inicial do processo sugere uma melhoria do fluxo de trabalho, uma redução dos erros por omissão e um potencial para poupanças de custos consideráveis, caso as poupanças de tempo se traduzam num aumento da utilização e da produtividade da sala de operações. O autor tem provas anedóticas de que, ao aumentar o grau de certeza com que pode fornecer uma hora de marcação a um doente, o doente e a sua família ficam mais satisfeitos com o serviço e, consequentemente, é menos provável que se sintam perturbados na sala de operações por chegarem tarde. Do mesmo modo, há outras provas anedóticas do autor de que o moral do pessoal aumentou devido a uma melhor adesão às horas de serviço e a uma menor necessidade de pedir ao pessoal que trabalhe até mais tarde devido a atrasos no teatro.

5.3.2 Limitações

Dado que o formulário se baseia em papel, será sempre afetado por uma documentação ineficaz da informação do doente. Deve notar-se que o formulário não substitui o bom julgamento clínico, uma vez que a confiança excessiva no que está contido no formulário tem o potencial de provocar um incidente adverso se estiver incorreto. No entanto, este facto não é exclusivo dos sistemas em papel (Keenan, Yakel et al. 2013).

O local de trabalho da autora é uma unidade cirúrgica de dimensão moderada, pelo que não é de estranhar a falta de inovadores para impulsionar a mudança e sustentar a iniciativa de melhoria da qualidade. A autora ficou surpreendida com o pouco apoio que recebeu inicialmente no seio da sua própria especialidade e dependeu do grupo de direção para obter apoio contínuo. A autora poderia contrariar este argumento, afirmando que a diversidade de opiniões proporcionava uma melhor perspetiva. No entanto, isso implicou um isolamento muito maior no ambiente de trabalho.

A atual escassez de normas clínicas para a programação das salas de operações agravou a capacidade do autor para criar um sentido de urgência mais forte que possa ser facilmente compreendido por todas as partes interessadas e pelos utilizadores dos serviços. A criação de índices-chave de desempenho pode contribuir de alguma forma para melhorar estes desafios.

Com o abandono da análise do tempo de procedimento, o controlo da eficácia do sistema de teatro exige um controlo e uma auditoria contínuos do cumprimento dos formulários e do tempo de marcação. O número de variáveis a recolher aumentou, tal como a carga de trabalho na sua análise.

Atualmente, a direção do hospital tem apoiado o programa de mestrado do autor e o projeto de mudança do ponto de vista logístico. No entanto, não existe um apoio adequado por parte da gestão de topo no que diz respeito às estruturas de governação para monitorizar e proporcionar a melhor formação e educação a todos os envolvidos com responsabilidades nos cuidados aos doentes que estão a adotar os processos TPOT.

5.4 Implicações para a gestão e desafios de liderança

A liderança tem muitas definições, no entanto, na sua forma mais simples, a liderança consiste em lidar com a mudança (Kotter 2001). O autor defende que, na interface da mudança, existe frequentemente tensão e é esta tensão que exige uma boa liderança e constitui um grande desafio. Nas mãos corretas, esta tensão pode facilitar o desenvolvimento e pode ser utilizada para alavancar a mudança. Na ausência de uma boa liderança, esta tensão pode tornar-se tóxica e paralisar uma força de trabalho.

Apesar dos pontos fortes deste processo de mudança e dos pontos fracos relativamente ultrapassáveis, é de notar que a resistência à mudança foi evidente. Esta resistência prevaleceu desde o início e ainda havia bolsas resistentes à aceitação do conceito de TPOT para mitigar a marcação ineficaz de doentes não programados na nossa organização. No Reino Unido, os hospitais do NHS são recompensados com recursos adicionais se gerirem o seu orçamento de forma eficaz. No entanto, esta estratégia não foi adoptada na Irlanda. Com o advento do dinheiro, segue-se a política do doente. O aumento da produtividade será proporcional ao aumento dos recursos. A teoria clássica da liderança discute termos como subordinado e seguidor (Tannenbaum e Schmidt 1973, Kotter 2001). O autor teve por vezes dificuldade em lidar com esta tensão e, apesar dos esforços contínuos, existe uma pequena resistência à mudança entre as partes interessadas do teatro.

Infelizmente, na ausência desta iniciativa, o autor está ciente da perceção de algumas partes interessadas de que estas iniciativas são mais trabalho por menos remuneração e com menos recursos. Os gestores a todos os níveis, e não apenas os que estão confinados à escala salarial do autor, precisam de estar alerta para a deriva no apoio à mudança e para o restabelecimento do antigo equilíbrio. O processo de mudança pode ser linear numa página, mas deve ser cíclico na prática para garantir que a mudança seja ancorada e praticada ativamente.

5.6 Recomendações para futuras melhorias

As decisões-chave para a futura direção deste projeto de mudança incluem a monitorização contínua do efeito desta intervenção. As avaliações efectuadas até à data continuam a ser potenciais e resta saber se as reduções nos procedimentos fora de horas são sustentadas ou transitórias. É possível que as partes interessadas tenham tido conhecimento do estudo em curso e que isso possa ter afetado os resultados observados, o chamado efeito Hawthorne. O autor considera que isto é improvável, dado que estes casos não são programados e, portanto, pela sua própria natureza, são imprevisíveis.

O autor pretende registar continuamente o cumprimento da utilização e da conclusão da marcação. Além disso, estão em curso planos para estabelecer uma monitorização prospetiva do tempo agendado (hora acordada na marcação) versus o tempo de apresentação na sala de operações. Isto permitirá investigar mais aprofundadamente se o tempo poupado durante o processo de marcação pode traduzir-se num aumento do rendimento da sala de operações dentro das horas nucleares

É de notar que este processo pode tornar-se redundante com os sistemas electrónicos de reserva de teatro. Atualmente, o teatro do autor funciona com um sistema baseado em papel e este projeto demonstrou que intervenções simples num sistema em papel podem dar um retorno do investimento em vez da informatização. Embora o avanço da tecnologia da informação continue a ser uma ameaça para este projeto, este projeto realçou as necessidades do departamento do ponto de vista da recolha de dados e pode ajudar a contribuir para uma análise mais aprofundada das necessidades do departamento.

5.7 Conclusão

As horas de início da sala de operações, tal como discutido anteriormente, não são uma medida útil de eficiência. Este facto não é surpreendente, uma vez que a eficiência da sala de operações não pode ser considerada isoladamente, e a arena mais alargada dos serviços cirúrgicos deve tornar-se o foco da investigação. A teoria de que os inícios tardios conduzem a fins tardios e que, consequentemente, é um substituto para a eficiência, não coloca a questão de saber onde estão os atrasos que estão a causar as ineficiências e os inícios tardios. O sistema deve ser analisado na sua totalidade, incluindo, por exemplo, a hora a que o doente chega à enfermaria, a pré-avaliação e o consentimento, factores clínicos como a estabilidade do doente, doenças ou infecções co-mórbidas, a disponibilidade de cirurgiões, a afetação da sala de operações, os serviços auxiliares como a UCI, o laboratório, a radiologia, a portaria, a hora acordada para a marcação, a apresentação na sala de anestesia e a hora de início da anestesia, etc.

Esta lista não é exaustiva, mas ajuda a iluminar o ambiente multifacetado em que um doente tem de transitar quando se dirige para a sala de operações. Por dedução, o local mais oportuno para implementar uma investigação deste tipo é na interface destes dois ambientes. Uma dessas áreas é a marcação dos doentes, onde a responsabilidade dos cuidados é transferida da enfermaria para o serviço de cirurgia. O processo de marcação de consultas não pode nem deve ser um bastião que ignore todas as suas estruturas de apoio ou que funcione isoladamente dos seus intervenientes, o que inclui, sobretudo, o doente.

Os resultados obtidos até à data demonstraram que a antecipação e o fornecimento efetivo de horários resultaram numa maior utilização de recursos na sala de operações e na redução de custos associada. O autor também reconhece que existem provas observacionais suficientes para concluir que o projeto resultou numa maior satisfação dos doentes e das suas famílias através do fornecimento de informações mais fiáveis sobre o calendário dos seus procedimentos e o seu subsequente regresso às enfermarias pós-cirúrgicas. Do mesmo modo, o autor conclui que a moral e o bem-estar do pessoal melhoraram devido a uma maior utilização dos recursos da sala de operações durante as horas de trabalho principais, o que resultou em menos sobreocorrências, menos trabalho fora de horas e reduziu o stress associado à apresentação de um doente não programado na sala de operações. Estas duas últimas observações fazem parte de outras avaliações que estão atualmente a ser planeadas.

Secção 6: Referências

Adejumo, A. O. e Adejumo, P. O. (2009) 'Theatre personnel's perception of operating room resource allocation', *Afr J Med Med Sci,* 38(2), 163-71.

Agnetis, A., Coppi, A., Corsini, M., Dellino, G., Meloni, C. e Pranzo, M. (2014) 'A decomposition approach for the combined master surgical schedule and surgical case assignment problems', *Health Care Manag Sci,* 17(1), 49-59.

Agnoletti, V., Buccioli, M., Padovani, E., Corso, R. M., Perger, P., Piraccini, E., Orelli, R. L., Maitan, S., Dell'amore, D., Garcea, D., Vicini, C., Montella, T. M. e Gambale, G. (2013) "Gestão de dados do bloco operatório: melhorar a eficiência e a segurança num bloco cirúrgico", *BMC Surg,* 13, 7.

Ahmed, K., Khan, N., Anderson, D., Watkiss, J., Challacombe, B., Khan, M. S., Das-gupta, P. e Cahill, D. (2013) 'Introducing the productive operating theatre programme in urology theatre suites', *Urol Int,* 90(4), 417-21.

Appelbaum S. H., Habashy, S., Hisham Shafiq, J. M. (2012) 'Back to the future: revisiting Kotter's 1996 change model', *Journal of Management Development,* 31 (8), 764 - 782.

Bandura, A. (1988): Aplicação Organizacional da Teoria Social Cognitiva. *Australian Journal of Management* 13, 275-302.

Baulcomb, J.S. (2003) 'Management of change through force field analysis'. *Journal of Nursing Management,* 11, 275-280.

Bertram, A., Hyam, D. e Hapangama, N. (2013) 'Out-of-hours maxillofacial trauma surgery: a risk fator for complications?", *Int J Oral Maxillofac Surg,* 42(2), 214-217.

Borrill, C., West, P. (2002) *Team work and efficiency in healthcare. Projeto de eficácia da equipa de cuidados de saúde.*

Bloodworth, K. (2011) "A enfermaria produtiva e a sala de operações produtiva", *J Perioper Pract,* 21(3), 97-103.

Bowers, J. (2013) 'Balancing operating theatre and bed capacity in a cardiothoracic centre', *Health Care Manag Sci,* 16(3), 236-44.

Burnes, B. (2004). Kurt Lewin e as teorias da complexidade: de volta ao futuro". *Journal of Change Management 4,* 309-325.

Cardoen, B., Demeulemeester, E. e Van der Hoeven, J. (2010) "On the use of planning models in the operating theatre: results of a survey in Flanders", *Int J Health Plann Manage,* 25(4), 400-14.

Christensen, C. M., & Overdorf, M. (2000) Meeting the Challenge of Disruptive Alterar. *Har Bus Rev,* março-abril, 1-12

Cronin, J., Healy, O., Hegarty, H. e Murray, D. (2013) 'Methods of recording thea tre activity across publicly funded hospitals in Ireland', *Ir J Med Sci.*

Diefenbach, T. (2007). The managerialistic ideology of organizational change management" [A ideologia gerencialista da gestão da mudança organizacional]. *Journal of Organisational Change Management.* 20(1):126-144

Divecha, H. M., Smith, R. D., Cairns, C., Bayer, J. (2011) "Improving patient flow: the impact of consultant work pattern on trauma ward efficiency", *Surgeon,* 9(4), 175-8.

Fitzgerald, J., Lum, M. e Dadich, A. (2006) 'Scheduling unplanned surgery: a tool for improving dialogue about queue position on emergency theatre lists', *Aust Health Rev,* 30(2), 219-31.

Relatório Francis, (2013) The Mid Staffordshire NHS Foundation Trust Public Inquiry. Recuperado em http://www.midstaffspublicinquiry.com/ em 10 de maioth 2014.

Glacken, M., Chaney, D. (2004) 'Perceived barriers and facilitators implementing research findings in the Irish practice setting', *Journal of Clinical Nursing,* 13 pp.731740

Glyn, E., Hocking, P. (2000), 'Organisational developmental in general practice: lessons from practice and professional development plans (PPDPs)' *Case Report: BMC Family Practice 1:2*

Guerriero, F. e Guido, R. (2011) 'Operational research in the management of the operating theatre: a survey', *Health Care Manag Sci,* 14(1), 89-114.

Halpern, S. (2007) "Why Gerry ain't a pacemaker". *British Journal of Healthcare Management* 13(2) 47-49.

Health Service Executive (2008). *Improving Our Service: A User's guide to Managing Change in the Health Service Executive,* Dublin HSE.

Relatório sobre o estado da saúde (2008) "Health status of the population of Ireland". Obtido em: http://www.hse.ie/eng/services/Publications/HealthPotection/Public Health/Health S tatus Report section 5.pdf em 25 de março de 2014.

HIQA (2012) *Autoridade para a Informação e Qualidade em Saúde - Normas Nacionais.* Autoridade para a Informação e Qualidade em Saúde. Dublin.

Hofstede, G. Neuijen, B., Ohayv, D.D., Sanders, G (1990). Measuring Organisa- tionsal Cultures: A Qualitative and Quantitative Study across Twenty Cases". *Administrative Science Quarterly,* 35(2), 286-316

Joyce, P. (2005) 'A framework for portfolio development in postgraduate nursing practice'. *Journal of Clinical Nursing,* 14, 456-463.

Kargar, Z. S., Khanna, S. e Sattar, A. (2013) 'Using prediction to improve elective surgery scheduling', *Australas Med J,* 6(5), 287-9.

Keenan, G., Yakel, E., Dunn Lopez, K., Tschannen, D. e Ford, Y. B. (2013) 'Challenges to nurses' efforts of retrieving, documenting, and communicating patient care information', *J Am Med Inform Assoc,* 20(2), 245-51.

Kirkpatrick, D.L. (1959) 'Techniques for evaluating training programs'. *Journal of American Society of Training Diretors.* 13(3): 21-26

Kotter, J.P. (1996) 'The eight-stage process'. Em *Leading Change (Kotter, J.P. ed.).* Harvard Business School Press, Boston, pp. 1-32

Kotter, J.P., (2000) 'Leading change: why transformation efforts fail (HRB)', *Harvard Business Review março - abril* de 1995. 59-67

Kotter, J.P. (2001) 'What leaders really do'. *Harvard Business Review, dezembro.* 312.

Kotter, J.P., Cohen, D.S. (2002) 'Creative ways to empower action to change the organization: cases in point'. *Journal of Organisational Excellence 22,* 73-82.

Kotter, J.P. (2007) 'Leading change: why transformation efforts fail'. *Harvard Business Review, janeiro.* 96-103

Kotter, J.P., Schlesinger, L.A., (2008) 'Choosing strategies for change (HRB Classic). *Harvard Business Review julho-agosto* de 2008. 130-139.

Leroy, H. Diernyck, B. Anseel, F. Simons, T. Halbesleben, J.R.B. McCaughey, D. Savage, G.T. Sels (2012) "Integridade comportamental para a segurança, prioridade da segurança, segurança psicológica e segurança dos doentes: A Team-Level Study". *Jornal de Psicologia Aplicada.* (90) 10-12.

Lewin, K. (1951) *Field Theory in Social Science,* Harper row, Londres.

Magee, H., Davis, L.J., Coulter, A. (2003) "Public views on healthcare performance indicators and patient choice". *Journal of the Royal Society of Medicine.* (96) pp. 338342

Marsh, J. (1978) "The goal-orientated approach to evaluation: critique and case study from drug abuse treatment". *Journal of evaluation and programme planning.* 1, 41-49.

McAuliffe, E., Van Vaerenbergh, C. (2006) *Guiding change in the Irish health system.* Health Service Executive, Dublin, Irlanda.

Murphy, M. (2007) "Can we fix it?" (Podemos resolver o problema?) *The Journal of the Royal Society for the Promotion of Health* 127(2), 56-57

Agência Nacional para a Segurança dos Doentes. (2005). Hospital à noite: Guide to Risk

Assessment. Recuperado em www.npsa.nhs.uk em 11 de maio^th 2014.

Nembhard, I.M., Edmondson, A.C. (2006) 'Make it safe: the effects of leader inclusiveness and professional status on psychological safety and improvement efforts in healthcare teams'. *Journal of Organisational Behaviour* 27, 941-966.

NHS (2009) *"Instituto de Inovação e Melhoria".* Productive Operating Theatre (Teatro de operações produtivo). Recuperado em: www.institute.nhs.uk/quality andvalue/productivity series/the productiveoperating theatre.html em 25 de março^th 2014.

Grupo de trabalho do NHS Never. Relatório do grupo de trabalho "Surgical never events". Obtido em http://www.england.nhs.uk/ourwork/patientsafety/never-events/surgical/ em 11th de maio de 2014

Okumus, F., Hemmington, N. (1998). "Gestão do processo de mudança em empresas hoteleiras: uma investigação ao nível da unidade". *Hospitality Management.* 17: 363-374

0vretveit, J. (1998) "Evaluating health interentions". 1st Edition. Open University Press, Buckingham.

Pandit, J. J., Abbott, T., Pandit, M., Kapila, A. e Abraham, R. (2012) "Is 'starting on time' useful (or useless) as a surrogate measure for 'surgical theatre efficiency'?*", *Anaesthesia,* 67(8), 823-832.

Pandit, J. J., Stubbs, D. e Pandit, M. (2009) "Measuring the quantitative performance of surgical operating lists: theoretical modelling of 'productive potential' and 'efficiency'", *Anaesthesia,* 64(5), 473-86.

Patton, M. Q. (2001) 'Qualitative Evaluation & Research Methods', 2nd Edition. Thousand Oaks, CA. Sage Publications, Inc.

Paul, R. G., Bunker, N., Fauvel, N. J. e Cox, M. (2012) "The effect of the European

Working Time Directive on anaesthetic working patterns and training", *Anaesthesia,* 67(9), 951-6.

Pettigrew, A.M. (1990) Longitudinal field research on change: theory and practice. *Organizational Science,* 3, 267-292.

Prochaska J.O., & Di Clemente C.C., (1984) "O processo de mudança". *The Trans-theoretical Approach.* Dow Jones-Irwin, Nova Iorque, pp. 33-44.

Rothrock, J. (2003) *Alexanders care of the patient in Surgery.*

Rogers EM (1983) *Diffusion of Innovations.* Free Press, Nova Iorque.

Rose, M. B. e Davies, D. C. (1984) "Scheduling in the operating theatre", *Ann R Coll Surg Engl,* 66(5), 372-4.

Schein, E.H. (1985). *How Culture Forms, Develops and Changes.* São Francisco, Califórnia: Jossey Bass. pp. 17-43.

Scott, E. Summerbell, L. (2004) 'Managing risks in the perioperative environment'. *Nursing Standard* 18 (30) pp 47-52.

Shanley, C. (2007) 'Management of change for nurses: lessons from the discipline of organizational studies' *Journal of Nursing Management,* 15, 538-546.

Shepherd, S. (2009) 'THIS IS A PHENOMENON' *Nursing Times.* 105(9) 4-6.

Sirkin, H.L., Keenan, P., Jackson, A. (2005). 'The hard side of change management', *Harvard Business Review, outubro de 2005,*109-118

Stufflebeam, D.L., e Shinkfield, A. J. (2007) Evaluation theory, models and applications. 3rd Edition. Jossey-Bass.

Tannenbaum, R., Schmidt, W.H. (1973). Como escolher um padrão de liderança". *Harvard Business Review (maio-junho):* 3-9.

Tomlinson, J. (2012) "Exploração da liderança transformacional e distribuída. *Gestão de Enfermagem* (19) 4 pp.30-34.

Weir, V. (2005). Protocolos de boas práticas: prevenção de eventos adversos a medicamentos. *Nursing Management* 36(9): 24-30.

Wyatt, M. G., Houghton, P. W. e Brodribb, A. J. (1990) "Theatre delay for emergency general surgical patients: a cause for concern?", *Ann R Coll Surg Engl,* 72(4), 236-238.ection 7.0 Appendice

Portiuncula Hospital
Surgical/Obs/Gynae Inpatient Referral Form.

ADDRESSOGRAPH ☐

Booking Date ../../........

Time (24 hr clock) ....

Requested Date & Time for procedure

Date ../../... Time........

Routine ☐ Urgent ☐ Addition to List ☐

Procedure ____________________

Indication ____________________

____

Relevant PMH ____________________

Contact NCHD on call for Anaesthetics (Bleep 713) to schedule patient for procedure and check re-blood and availability of ITU bed.

Does the patient have an allergy or other Yes ☐ NO ☐
(Please tick the following as appropriate)

MRSA	☐	Hepatitis C	☐	Latex Allergy	☐
C. Diff	☐	Hepititis B	☐	VRE/ CRE	☐
HIV	☐	ESBL	☐	Food/Drug	☐
TB	☐	Sickle	☐	Other	☐

Patient has been consented: Yes ☐ No ☐

Signature of requesting Dr ____________________

Name & IMC in block capitals ____________________

Consultant performing the Procedure. ____________________

ASA 1 Normal, Healthy Patient. ASA 2 Mild systemic disease (e.g. controlled HTN)
ASA 3 Severe Systemic Disease. ASA 4 systemic disease that is a constant threat to life.
ASA 5 Moribund/not expected to survive

Portiuncula Hospital Inpatient Endoscopy Referral Form

ADDRESSOGRAPH

Booking Date ..../..../......
Time (24 hr clock)..............

Requested Date & Time for procedure

Date.../.../.... Time.........

Routine ☐ Soon ☐ Urgent ☐

Urgent ---if for UGIB please give Blatchford score ☐

http://www.mdcalc.com/glasgow-blatchford-bleeding-score-gbs/

Test requested

OGD	☐	Colonoscopy	☐	ERCP	☐
Dilation	☐	Stent	☐	Other	☐

Indication ____________________

____

American Society of anaesthesiologists (ASA) status* if 3, 4, 5 anaesthetic Consultation is necessary by referring doctors

FBC, Coag attached to this form (ERCP please attach Group and Screen & LFTs).

Does the patient have an allergy or other.........

MRSA	☐	Hepatitis C	☐	DRUG/FOOD	☐
C.DIFF	☐	Hepatitis B	☐	VRE/CRE	☐
HIV	☐	ESBL	☐	LATEX	☐
LATEX	☐	SICKLE	☐	OTHER	☐

Patient has been consented and cannulated
Patients for ERCP; cannula must in the right arm and request entered in PACS.

Signature of requesting Dr ____________________
Name & IMC in block capitals ____________________

Consultant performing the Endoscopy ____________________

ASA 1 Normal, Healthy Patient. ASA 2 Mild systemic disease (e.g. controlled HTN)
ASA 3 Severe Systemic Disease. ASA 4 systemic disease that is a constant threat to life.
ASA 5 Moribund/not expected to survive

** POST PROCEDURE FILE THIS FORM IN THE PATIENT CHART

7.2 Anexo 2 - Aprovação ética do CREC West North West Hospital Group

Feidhmeannacht na Seirbhíse Sláinte
Health Service Executive

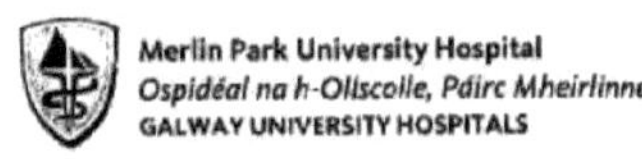

Clinical Research Ethics Committee
Main Administration Building
Merlin Park Hospital

27th February, 2014.

Ms. Bernadette Kilmartin
CNM III
Portiuncula Hospital
Ballinasloe
Co. Galway.

Ref: C.A. 1036 – Scheduling additional (emergency) patients for surgery outside scheduled lists

Dear Ms. Kilmartin,

I have reviewed and considered the above project, and I wish to grant Chairman's approval to proceed.

Yours sincerely,

p.p. Colette Collins
Dr. Shaun T. O'Keeffe
Chairman Clinical Research Ethics Committee.

Merlin Park University Hospital, Ospidéal na h-Ollscoile, Páirc Mheirlinne, Galway, Ireland. Tel: 00 353 (0)91 757631

Portiuncula Hospital
Patient Referral Form for Surgical Procedures

Booking Date

Time (24 hr clock)

Requested Date for Procedure

Requested Time for Procedure

Theatre Co-ordinator

Affix Addressograph

Type of Procedure (Please Tick) Elective [ ] Emergency [ ]

Procedure

Indication

Revelant Past Medical History (Please list)

1

2

3

4

Patient has been Consented (Please Tick) Yes [ ] No [ ]

Does the patient have any of the following (Please tick Yes or No for each box)

	Yes	No		Yes	No		Yes	No
MRSA			Hepatitis B			Drug Allergy		
C. Diff			Hepatitis C			Latex Allergy		
ESBL			HIV			Food Allergy		
VRE/CRE			TB			Anti Coagulants		
Sickle			Other			Anti Platelets		

If Yes to any of the above, or special requirements (equipment/consumables/ X-ray table etc.) Please give further informat

Consultant Perfroming Procedure

Signature of requesting NCHD/Consultant

Name and Irish Medical Council Number (Block Capitals)

Contact NCHD on call for Anaesthetics (Bleep 713) to schedule patient for procedure.
Check requirements for blood and blood products and availability of ITU bed

Please file this form in patients chart after booking is complete

Version No. 17 QPulse Reference

Portiuncula Hospital
Patient Referral Form for Surgical Procedures

Booking Date

Time (24 hr clock)

Requested Date for Procedure

Requested Time for Procedure

Theatre Co-ordinator

Affix Addressograph

Type of Procedure (Please Tick) Elective [ ] Emergency [ ]

If Urgent for UGIB must have Blatchford score (see reverse) Blatchford Score [ ]

Procedure OGD [ ] Colonoscopy [ ] ERCP [ ]
Dialation [ ] Stent [ ] Other [ ]

Indication

Revelant Past Medical History (Please list) Cannula Sited [ ]

1 2 3 4 5

Attach FBC & Coag to this form (If ERCP also attach Group & Screen & LFTs)

Patient has been Consented (Please Tick) Yes [ ] No [ ]

Does the patient have any of the following (Please tick Yes or No for each box)

	Yes	No		Yes	No		Yes	No
MRSA			Hepatitis B			Drug Allergy		
C. Diff			Hepatitis C			Latex Allergy		
ESBL			HIV			Food Allergy		
VRE/CRE			TB			Anti Coagulants		
Sickle			Other			Anti Platelets		

If Yes to any of the above, or special requirements (equipment/consumables/ X-ray table etc.) Please give further informatic

Consultant Perfroming Procedure

Signature of requesting NCHD/Consultant

Name and Irish Medical Council Number (Block Capitals)

Contact NCHD on call for Anaesthetics (Bleep 713) to schedule patient for procedure.
Check requirements for blood and blood products and availability of ITU bed

Please file this form in patients chart after booking is complete

Version No. 18 QPulse Reference

7.4 Apêndice 4 - Manifestações de interesse dos grupos de discussão

Carta aos trabalhadores da organização. **21/10/13**

Caros colegas

Trabalhar em teatros - Grupo de discussão.

Atualmente, estou a fazer um mestrado em gestão de cuidados de saúde no Royal College of Surgeons Ireland. Estou a trabalhar para melhorar os horários das salas de operações e aumentar a satisfação e a moral dos funcionários. Para ajudar a atingir este objetivo, convido-o a preencher este consentimento para participar no inquérito/grupos de discussão.

As conclusões/resultados serão totalmente confidenciais. Os resultados serão analisados pelo autor e um relatório de síntese será partilhado com os trabalhadores. Alguns empregados serão convidados a participar num grupo de discussão para debater os pontos de vista em mais pormenor. Estes grupos de discussão permitirão que os empregados passem algum tempo a explorar as principais preocupações levantadas no inquérito. As contribuições individuais para os grupos de discussão permanecerão completamente confidenciais.

Os resultados da recolha de dados e das reuniões dos grupos de discussão fornecerão informações valiosas sobre as mudanças possíveis para melhorar o fluxo de pacientes e aumentar a satisfação e o moral dos funcionários.

As suas opiniões são importantes. Obrigado pela sua contribuição para este importante inquérito. Se tiver alguma dúvida sobre o inquérito, contacte-me através do número de telefone ou do correio eletrónico abaixo indicados.

Com os melhores cumprimentos,

Bernadette a Kilmartin,

Gestor de Enfermagem Clínica III

Bernie.kilmartin@hse.ie

Telefone 0909648272/0876787395

Grupo de discussão I Formulário de reserva do paciente.

Perguntas gerais sobre o projeto de formulário de reserva.

Assinale Sim ou Não nas casas abaixo.

- A linguagem utilizada é clara ? Não L_I

- A apresentação do formulário é clara e fácil de seguir ? Não

- Foram abrangidos todos os domínios importantes ? Não C

- Existem áreas que devem ser incluídas ou excluídas ? Não C

- Há palavras no documento que precisam de ser clarificadas?

ou explicado? Sim Não I__I

Se respondeu "Não" a qualquer uma das perguntas acima, apresente comentários e sugestões no espaço abaixo indicado. Se os seus comentários se referirem a uma parte específica do formulário de reserva, indique qual.

Grupo de discussão II - Ordem de trabalhos.

Melhorar a transição dos cuidados:

- Identificar as principais estratégias e tácticas para controlar o excesso de reservas de cuidados programados na organização.
- Reforçar a participação das partes interessadas e dos doentes nos seus cuidados. (Inquérito de satisfação - adesão da direção executiva).
- Aplicar ferramentas eficazes para identificar e aproveitar oportunidades de melhoria.
- Criar estratégias exequíveis para envolver todas as partes interessadas no processo contínuo de envolvimento e cuidados dos doentes.

Procura versus capacidade.

Sobre-reserva de cuidados programados.

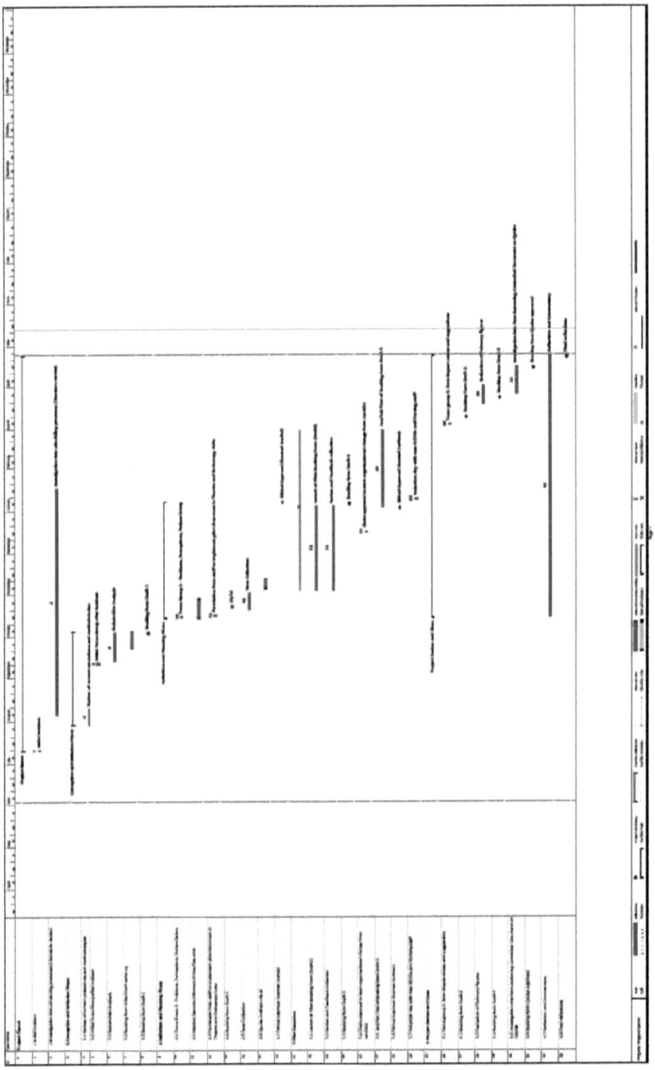

7.7 Apêndice 7 - Cartaz

Unscheduled patients: the introduction of a structured booking form to enhance workflow patterns from point of booking until transition to the operating theatre.

Student Number 12141330.

MSc Healthcare Management, Royal College of Surgeons in Ireland, Institute of Leadership

Introduction & Background

- The management of unscheduled patients presenting to an operating theatre poses a major obstacle for service planning and provision.
- The ability to schedule these cases during rostered working hours, where possible, is safer for the patient[1] and a more efficient use of theatre, staff and hospital resources[2].
- The change initiative focused on the booking of unscheduled patients. The Productive Operating Theatre (TPOT)[3] acted as a framework with which to devise and develop the change idea.

Aims & Objectives

Aim:

- To introduce a structured booking form to enhance workflow patterns from point of booking until transition to the operating theatre for unscheduled patients

Objectives:

1. To **identify** barriers and enablers to effective scheduling.
2. To **enhance** workflow **processing** at the point of booking.
3. To **reduce** the burden of administration for theatre **nurses**.
4. To **enforce** the provision of accurate and robust patient demographics at the time of booking.
5. To **improve** the journey for patients **as** they transition to the operating theatre through more **efficient scheduling** timely **access to theatre**.
6. To **promote staff** morale by reducing time spent duplicating administrative information.
7. To **maximise** scheduling within rostered working hours and quantify potential **savings**

Methodology

- Focus groups
- SWOT analysis
- Force field analysis
- Designed a structured booking form for theatre and endoscopy
- Formed a steering committee
- Delivered the change process using Kotters change model facilitated by action learning sets

Change Process

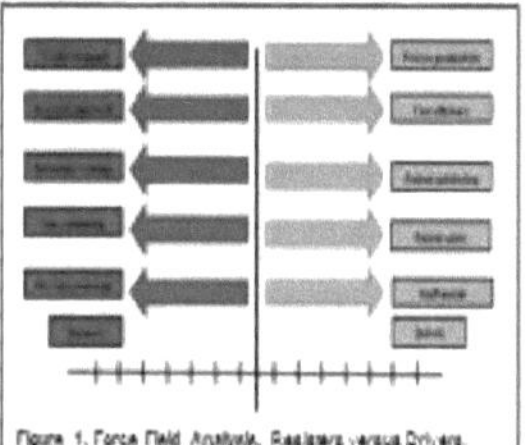

Figure 1. Force Field Analysis. Resisters versus Drivers. When the net force is in favor of drivers change can occur.

- Staff meeting feedback
- Clinical risks identified
- Focus Group Feedback
- SWOT analysis

- Steering committee formed
- Identify key stakeholders
- Force Field Analysis
- Draft booking form review

Create a vision

- Granted approval to use form by medical records
- Refined aim and objectives
- Promote drivers identified

Communicate the vision

- Ethics approval granted
- Approval by hospital management to integrate document into practice
- Stakeholders notified of change by email and notice board

Empowering others

- New booking form was included induction briefing for new staff
- Addressed barriers identified in force field analysis
- Incorporate feedback

Create short term wins

- Time savings identified disseminated to all stakeholders
- Newsletter circulated within theatre department

Consolidate improvements

- Undertake performance management against agreed internal standards
- New method made mandatory to increase compliance

Anchor change into the culture

- Booking form made a controlled document
- Focus on identifying organisational impacts
- Disseminate research at meetings

Evaluation

- Evaluation was undertaken using Kirkpatricks model[4].
- Each objectives evaluated for outcome against each Kirkpatrick level

- Level 4 – Results/Impact – Considerable potential savings identified as a result of time savings
- Level 3 – Behaviour – marked reduction in inefficient workflow and time savings
- Level 2 – Learning – Good congruence between induction programme and compliance
- Level 1 – Reaction – Stakeholders adherence to booking form was high

Organisational Impact

Procedures performed outside of core hours:

- Mean percentage of procedure performed outside of core hours January – Dec 2013 = **26.64%**
- % of procedure performed outside hours in January 2014 =11.5% (January 2013 24%) - **52% reduction**
- % of procedure performed outside hours in February 2014 18.18% (February 2013 22%) - **17.3% reduction**

Process mapping time saved and potential cost efficiencies:

- **Pre introduction** of booking form the **minimum time** taken was **19 minutes** and the **maximum time** spent was **40 minutes** per patient
- **Post introduction** of the booking form the **minimum time** was **5 minutes** and **maximum time** spent was **7 minutes** (a net **reduction** ranging from **74% – 82.5%** in the time taken to book an unscheduled patient).
- If this time saving was transferred into **increased theatre throughput/utilisation**, it would translate as a cost saving of between **€124,050 – €240,900**, assuming every theatre hours costs €1500 under TPOT model

Conclusion

- Unscheduled patients can be scheduled in an efficient and effective manner.
- A structured booking process can translate into considerable cost savings where this results in increased resource utilisation.

References

Printed by Books on Demand GmbH, Norderstedt / Germany